ピッチ全体も背後も見通す技術

サッカー球軸トレーニング

日本サッカー本気で世界一になれる計画

高岡英夫
松井 浩

世界文化社

はじめに

「日本サッカー本気で世界一になれる計画」をスタートさせませんか。

　FIFAワールドカップは、2022年にカタール大会、2026年にカナダ、メキシコ、アメリカによる共同開催が決まっています。「日本サッカー本気で世界一になれる計画」は、運動科学がつくり出した「球軸トレーニング」の力で、最短で7年後の北中米大会、最長でも15年後の2034年ワールドカップで優勝をめざす、というものです。

　高岡英夫と松井浩は、1993年のドーハの悲劇の頃から、選手たちの身体の使い方を通じて日本代表を徹底的に分析してきました。2018年W杯ロシア大会を見て、私たちが日本サッカーのために開発してきた新たなトレーニングに本気になって取り組めば、最短で10年以内に世界一になれると確信したのです。

　日本サッカー協会は「JFA2005年宣言」で、2015年までにSAMURAI BLUEが「世界のトップ10」になり、2050年までに「W杯で優勝する」と約束しました。2015年までの約束は実現せず、新たに2030年までにベスト4に入ると約束しています。もちろん日本サッカー協会が目標を掲げるのはよいことですが、その目標には日本人を世界のトップ選手に改造する科学的根拠が必要です。

　私たちは、これまでにサッカー選手の身体の使い方から見た「世界一までのステップ」を明らかにしています（第1章で詳しく解説しています）。
　★第一関門　「もも裏派」になること。
　★第二関門　「裏転子」の身体意識が高まること。
　★第三関門　腸腰筋が使えて全身がゆるゆるにゆるんで、
　　　　　　　しっかりとしたセンター（軸）が通ること。
　★第四関門　センター（軸）がサッカーで機能する「球軸」になること。

　代表選手がこれらすべての関門をクリアしなければ、世界一にはなれません。
　現在の代表選手たちは、厳密にいえば、まだ第二関門さえクリアできていません。また、1990年代以降の日本代表では、ペルージャ（イタリア／セリエA）時代の中田英寿選手が第三・四関門に足を踏み入れたのが最高です。中田選手は

最終的にクリアできませんでしたが、日本選手でも世界のトップ選手の領域に入れることを示してくれました。

日本のサッカー選手たちがめざすべきは、効率よくトレーニングを積み、この中田選手の最高時を超えていくことです。現実に大迫勇也選手や乾貴士選手、さらには久保建英選手をはじめ、現在の日本代表たちがすぐに専門的なトレーニングに本気で取り組めば、5年以内に第三・四関門までクリアして世界のトップ選手になれるという、大いなる可能性を感じています。

そして、日本代表に世界のトップ選手を全員揃えることで、2026年北中米大会の優勝をめざすことができます。

勤勉で努力家の日本選手たちが、まさにこれから徹底して正しいトレーニングを積み重ねれば、最短であと2大会で世界一になれるというのが「日本サッカー本気で世界一になれる計画」を掲げた理由です。

本書では、まず、第一関門から第二関門までを解説して、第三・四関門クリアをめざすための「センタートレーニング」と「球軸トレーニング」を紹介しています。「球軸トレーニング」とは高岡が運動科学を駆使して開発した、世界のトップオブトップ選手になるためのトレーニングシステムで、ゆるゆるにゆるんだ身体にスパンと通ったセンター（軸）をピッチ上での実戦のプレーに結びつける方法です。

世界のトップをめざす選手・指導者の方々、またW杯で優勝したい選手・指導者の方々は、今すぐにこのトレーニングを取り入れてほしいです。

また、小学生や中学生には、今のままで第一関門をクリアしている選手が多いです。将来的に世界のトップ選手をめざす気持ちがあれば、すぐに始めてほしいトレーニングを紹介しています。実際、小学生や中学生のうちにこれらのトレーニングを始めれば上達も早くなり、日本サッカー全体の底上げも図れます。

2026年北中米大会を見据えて、新たにトレーニング教室や指導者派遣も始める予定です。まずは本書を読んで、現在の自分から世界のトップ選手になるまでの道筋をはっきりと描いてほしいと思います。

高岡英夫＋松井 浩

サッカー 球軸トレーニング [目次]

はじめに……2
本書の使い方……11

プロローグ……12

この質問に答えられますか？
自分で実際に試してみてください
「センターで見る」ことで得られる情報
サッカー選手には絶対に必要な見え方
宮本武蔵が『五輪書』に記した「見」と「観」
「プレーの判断」をどのように理解していますか？
「世界レベルの判断」とは「観」で見て最適のプレーを選ぶこと
「観」でみれば「シュートコース」が空く前に察知できる
「世界レベルの判断」に必要なのは「観」と「ゆるゆるの身体」
「球軸」は「ビュー軸」と「モーター軸」から始める
世界に先駆けて日本のサッカー選手は今すぐ「球軸トレーニング」を始めよう

第1章 サッカー選手として本当に 成長するために必要なことは？……20

どうすればサッカー選手は急成長できるか？
「ゆるみ度」とは全身の骨と筋肉がゆるゆるにゆるんで思い通りに使えること
「柔らかなタッチ」は筋肉や腱が柔らかいからできる
サッカー選手の本当の実力は「パフォーマンス力×ゆるみ度」でわかる
W杯ブラジル大会の大迫勇也選手は、世界的には並以下の選手
4年後のW杯ロシア大会では「ゆるみ度」が大幅にアップ
大迫選手は4年間でサッカー選手として理想的な成長をした
「ゆるみ度」の大切さを初めて提案したのは2002年日韓大会の前

提案から18年間で多くのサッカー選手が取り組み、成果が出ている

W杯初出場の日本代表はゆるみ度が低かった

もも前の筋肉がもこもこと発達した「もも前派」が多かった

「もも前派」は筋肉痛になるのも太ももの前側

世界のトップ選手はもも前がスッキリした「もも裏派」

「もも前走り」は膝が曲がり、重心の低い走り方になる

「もも前走り」はブレーキをかけながら走るようなもの

「もも裏走り」は重心と目線も高く視野も広く、一瞬の動きも鋭い

「もも裏キック」なら鋭いシュートやパスを蹴ることができる

世界のトップ選手は腰の中の腸腰筋が使える

世界のトップ選手は脚がお腹から分かれているように見える

「もも裏キック」ならウエイトのよく乗った鋭いキックができる

「もも裏キック」ならパスの精度も上がる

「もも裏キック」ならパスコースも読まれにくい

「もも前キック」ではキックの威力が弱くなる

「もも前キック」ではキックの精度が下がる

「もも前キック」では、パスコースも読まれやすい

理想は、もも裏のアクセル筋が7:3で使えること

「もも前派」では世界のトップ選手に1対1で勝てない

「もも前派」は、ここ一番でブレーキ筋を使うから、決定力も低くなる

「もも前派」は、ゴールへ向かう前進力が弱くなる

W杯フランス大会の日本代表は、世界のトップ選手たちとの差が歴然だった

中田英寿選手はペルージャでどんどんゆるんで大活躍できた

中田選手はもも裏が使えたからセリエAでも1対1に強かった

もも裏が使えたから、パスやシュートの精度も上がった

両脚が腰の中の腸腰筋で吊られ、プランプランと揺れていた

中田選手は筋トレで「もも前」を鍛えてしまった

「もも前派」になって、プレーからキレが失われた

「もも前派」になった中田選手は26歳の若さで輝きを失った

サッカー界は「ドーハの悲劇」より「中田の悲劇」を語り継ぐべき

小野選手は肋骨周りの筋肉が柔らかく、ゆるみ度も突出していた

肋骨周りの筋肉が柔らかいと「肋骨」と「肩甲部」とがずれ動く

ボディバランスの素晴らしい選手は「肋骨」と「肩甲部」が分離している

若い頃の小野伸二選手はベッカム選手クラスになる可能性があった

残念だったのは、もも裏のアクセル筋が使い切れていなかったこと

日韓大会後から「もも前のブレーキ筋」に頼るようになった

パフォーマンス力は上がったが、「ゆるみ度」が下がって本当の実力は後退

念願のスペインリーグ移籍も叶わず、浦和レッズに戻った

かつての「天才」は再び世界で輝くことはなかった

世界のトップ選手を目指すには「もも裏派」になることが大前提

日韓大会は若手中心でもも裏を使える選手がいた

ドイツ大会は主力が「もも前派」になってグループリーグ敗退

ジーコ采配を批判する以前に1対1やパスの精度、決定力で完敗だった

ブレーキをかけながら走り回った結果、精も根も尽き果てた

南アフリカ大会は「もも裏派」が増えてグループリーグ突破

2014年ブラジル大会では、ほとんどの選手が「もも前派」に

ブラジル大会の日本代表は、レベルの低い「もも裏派」といったところ

「裏転子」という身体意識が身につくことが第二関門

ブラジル大会の日本代表には第二関門を突破した選手がいなかった

レッグカールをする時は特に注意が必要

第2章 『ロストフの14秒』に潜むヒント……50

ロシア大会の日本代表は「ゆるみ度」が相当進んでいた

特に大迫選手の進化は過去4年間に正しい努力ができたことの証明

乾選手のスーパーゴールも「ゆるみ度」が進んだ賜物

優勝候補のベルギーには2点リードから逆転負けと勝ち切れず

敗因のヒントがNHK『ロストフの14秒』の中にあった

日本の選手が描いた共通イメージと、ベルギーの選手が描いた共通イメージ

快速MFデブルイネ選手が山口蛍選手に仕掛けた巧妙なワナ

長友選手は冷静に対応して一番危険なパスコースを消した

FWルカク選手のスルーにはベルギーの監督も驚き、「なぜ」と両手を広げた

長友の貴重な証言「情報量が桁違いかなと思う」

CKが蹴れた段階でイメージできた未来の時間の長さに大きな差

ベルギーの選手はわずかな時間に思い浮かべる時空間が広く、濃い

ルカク選手がスルーした時点で日本の敗戦は決まっていた

日本サッカー協会の強化担当である山本昌邦氏が語る今後の対策

サッカー界は経験することで選手が成長するという信仰が強い

ベルギー戦に足らなかったのは「ゆるみ度」と「球軸」

宮本武蔵の国で「SAMURAI BLUE」を名乗る誇り

日本代表がさらに進化するには「ゆるみ度」と「球軸」のトレーニングをすること

第一関門は「もも裏派」になること

第二関門は「裏転子」の身体意識が高まること

世界のトップ選手は筋肉の使い方も極まっている

腸腰筋がしっかり使えて全身がゆるゆるにゆるんで、センターが通ってくると第三関門を通過

全身の筋肉がトロトロに柔らかくなって初めて、世界のトップ選手と戦える第四関門に

タックルされても自然に脚が抜けていく

センターが通れば、当たりにもしなやかな強さで対抗できる

近年では2006年ドイツ大会のジダン選手が最高の選手

「センター」「軸」とは、何のことなのか

センターとは身体の中心を天地に貫く「意識の線」

普通の選手は立ったまま全身の力を抜いたら倒れる

世界のトップ選手は立ったまま全身の力を抜いても倒れない

全身の筋肉から力を抜いても立っていられるのはセンターが通っているから

地球上のすべての人間に「重力」は働いている

地球上の運動はすべて重力に逆らったり、重力を利用したりしている

センターは地球の中心と自分の身体の中心を結んだ一本の線

人間が進化によって獲得したのは「もも前派」か、「もも裏派」か

人間が進化によって獲得したのは「もも裏派」としての身体の使い方

指導者やスタッフもセンター（軸）を身につけよう

世界のサッカー界で下剋上を起こす大チャンス

ロナウド選手、メッシ選手、ネイマール選手は衰える一方

主な日本代表のセンターと身体的な弱点を大公開

まずは世界のトップ選手のセンターから

スペイン優勝当時のイニエスタ選手の見事なセンター

センターが通っているからスッ、スッと身軽に動ける

小柄で身体的にも恵まれなかったイニエスタ選手は日本のサッカー選手のお手本

メッシ選手の全盛期のセンターは、さすがにスケールがでかい

小柄でも大きな選手に当たり負けしないのはセンターのスケールが大きいから

球軸が育つと、自分の才能や個性をより一層発揮することができる

日本代表のセンターには課題が多い

世界の天才サッカー選手を打倒するためのトレーニング

第 3 章　軸トレーニング ……88

①パフォーマンスを上げること

②全身がゆるゆるにゆるんで、センターが通ること

③センターを「球軸」として使えるようにすること

「ビュー軸」はセンターでボールや周りの選手、ピッチを見ること

「モーター軸」は、モーターのように脚や手を動かすための軸

「リード軸」はセンターに自分が自由自在に高速で気持ちよく運ばれ、連れ回されるための軸

球軸トレーニングの基本は自分のセンターでボールの中心を串刺しにすること

TRAINING 01　**EC**（環境軸法）……**94**

TRAINING 02　**EBC**（環境球軸法）……**96**

TRAINING 03　**PBCST**（球軸串刺上下法）①**PCB スクワット** ……**98**

TRAINING 04　**PBCST**（球軸串刺上下法）②**PBC タンブ・垂直**……**100**

TRAINING 05　**PBCST**（球軸串刺上下法）③**PBC タンブ・左右**……**101**

TRAINING 06　**PBCST**（球軸串刺上下法）④**PBC タンブ・前後**……**102**

TRAINING 07　**PBCST**（球軸串刺上下法）⑤**PBC タンブ・斜め**……**103**

TRAINING 08　**PBCST**（球軸串刺上下法）⑥**PBC タンブ・回軸**……**104**

TRAINING 09　**PBCST**（球軸串刺上下法）⑦**PBC タンブ・回旋**……**105**

TRAINING 10　**PBCST**（球軸串刺上下法）⑧**PBC タンブ・8の字**……**106**

TRAINING 11　**PBCT**（球軸串刺踏換法）……**107**

TRAINING 12 **IBC**（傾斜球軸法）**①** **ボール周り法**……109

TRAINING 13 **IBC**（傾斜球軸法）**②** **ボール越え法・前後**……110

TRAINING 14 **IBC**（傾斜球軸法）**③** **ボール越え法・左右**……112

TRAINING 15 **LCS**（下軸シフト法）**①** **ボール周り法**……113

TRAINING 16 **LCS**（下軸シフト法）**②** **ボール越え法・左右**……114

TRAINING 17 **LCS**（下軸シフト法）**③** **ボール越え法・前後**……115

TRAINING 18 **UCS**（上軸シフト法）**①** **垂直サモン法**……117

TRAINING 19 **UCS**（上軸シフト法）**②** **直交サモン法**……118

TRAINING 20 **UCS**（上軸シフト法）**③** **球軸法**……119

TRAINING 21 **UCS**（上軸シフト法）**④** **ボール支持法**……120

第4章 内球軸トレーニング……122

TRAINING 22 **CSLY**（軸片足ゆる法）……127

TRAINING 23 **CSLBY**（軸片足ボールゆる法）……128

TRAINING 24 **IBCY**（内球軸ゆる法）……130

TRAINING 25 **IOBC**（内球軸法）**①** **スロー**……132

TRAINING 26 **IOBC**（内球軸法）**②** **クイック**……134

TRAINING 27 **IOBC**（内球軸法）**③** **スルー**……136

第5章 外球軸トレーニング……138

TRAINING 28 **交叉爪先クル転子突擦法**……142

TRAINING 29 **交叉ウナ乗り換え転子突擦法**……144

TRAINING 30 **交叉ウナ立ち転子ゆる**……146

TRAINING 31 **交叉球軸串刺タンブ**……147

TRAINING 32 **交叉球軸転子ゆる**……148

TRAINING 33 **OOBC定位法①** **スロー**……150

TRAINING 34 **OOBC定位法②** **ミドル**……152

TRAINING 35　OOBC定位法③　ゼロステップクイック……154

TRAINING 36　OOBC定位法④　ワンステップクイック……156

TRAINING 37　OOBC移動法①　スルーミドル……158

TRAINING 38　OOBC移動法②　スルークイック……160

TRAINING 39　FROBC定位法①　スロー……162

TRAINING 40　FROBC定位法②　ミドル……164

第6章　軸強化トレーニング……166

第6章では、軸の強化トレーニングを紹介します

パフォーマンス力を上げるトレーニングだけでは世界のトップ選手にはなれない

澤穂希選手もゆるむことの大切さを知って世界のトップ選手になった

自分で時間を作って②、③のトレーニングにも取り組んでください

TRAINING 41　壁角通球軸法……169

TRAINING 42　脊椎通球軸法……170

TRAINING 43　壁球軸頭回法①　頭回法……172

TRAINING 44　壁球軸頭回法②　首回法……173

TRAINING 45　壁球軸体幹回法……174

TRAINING 46　2人首絡み球軸法……176

TRAINING 47　2人背腰もたれ球軸法①　足間法……177

TRAINING 48　2人背腰もたれ球軸法②　背腰足間法……178

TRAINING 49　2人背腰挟み揺解球軸法……179

TRAINING 50　壁もたれ揺解球軸法……180

TRAINING 51　横臥膝々擦法……181

TRAINING 52　横臥内転筋軸法……182

TRAINING 53　長座内転筋軸法……183

TRAINING 54　立位内転筋軸法……184

おわりに……186

球軸トレーニングを本格的に学びたい方へ……188

著者＆モデル紹介……190

本書の使い方

① 序章、1章、2章を熟読したうえで、3章から取り組む。

② 各トレーニングについての説明やトレーニング手順を読みながら正確に行う。

「サッカー 球軸トレーニング」を動画で紹介!

本書に掲載されているトレーニングの一部を「運動科学総合研究所」サイトにて、動画で分かりやすく紹介予定!紙面では伝えるのが難しい動きのポイントなどがご確認いただけます。2019年7月より随時公開予定。

詳しくは ▶▶ http://www.undoukagakusouken.co.jpにアクセス

この質問に答えられますか？

質問をしてみます。
①「センター（軸）でボールを見る」
②「センターで周りの選手を見る」
③「センターでピッチを見る」

問い＝上の①〜③について、何のことを言っているかわかる方がおられるでしょうか？
また、①〜③を実践すれば、どんな見え方になるか、わかる方はおられますか？

ひょっとすれば、日本全国で尋ねても「わかる」と言われるのは武道・武術の世界の方に限られるかもしれません。
「わかる」という方には、後ほど答えを紹介します。

自分で実際に試してみてください

サッカー選手として劇的に上達したい人は、答えを確かめる前に、下の「Lesson 1」と「Lesson 2」をぜひ自分で試してみてください。サッカーのグラウンドでなくても、家族やペットのいる部屋など、どこでも構いません。
ちなみに、著者の一人である松井は、池袋駅西口のコーヒーショップの店内でちゃちゃっと試してみました。

Lesson 1（ここから先ではL.1と表記）
　①普通に立った状態でボールを見る
　　（席に座ったまま部屋の時計などを見るのでもよい）
　②普通に立った状態で選手を見る（周りの人や動物、テレビ画面を見てもよい）
　③普通に立った状態でピッチを見る（その部屋やフロア全体を見る）

Lesson 2（ここから先ではL.2と表記）
　①周りにある垂直なラインを見つめ、「あんな真っ直ぐな線が自分の身体の中にもほしいなあ」とつぶやきながら、伸ばした右手の先で垂直なラインを5

〜6回なぞる。

②右手を自分に引き寄せ、その垂直線が美しいシルバーのラインとなって自分の背骨のすぐ前を通っているかのようにイメージする（このイメージしたラインを「センター」と呼びます）。

③「スパー、スパー、美しいシルバー、美しいシルバー」とつぶやきながら、背骨の前を通る、美しいシルバーのラインを5〜6回なぞる。その際、右手の先を上に向け、背骨をこするように垂直に上下させる。腰より下は右手の先を下へ向けて足元まで行う。

　　※詳しい方法は90ページで「ビュー軸（くわ）の通しかた」、94ページで「EC（環境軸法かんきょうじくほう）」として紹介しています。

④背骨の前に美しいシルバーのラインが通ってきたなと思ったら、手で上下にこすり続けながら、そのシルバーのラインでボールや周りの選手、ピッチ全体を見る。

⑤センターでボールや周りの選手、ピッチ全体を見ると、L.1に比べてどんな変化を感じますか。

「センターで見る」ことで得られる情報

　松井の場合、「センターでボールを見る」といわれても「？？？」でしたが、このコーヒーショップの店内でさりげなく「L.1」と「L.2」を試してみて、次のことを感じました。

（1）L.1に比べて、L.2では気分的に落ち着いて余裕（よゆう）があること。

（2）L.1に比べて、L.2では目の前のアイスコーヒーのグラスがくっきりと見えること。

（3）L.1に比べて、L.2では前を向いているだけでも視野が広くなったこと。

（4）L.1に比べて、L.2ではレジの前に並んでいるお客さんの姿がくっきり見えること。

（5）L.1に比べて、L.2では店内を動くお客さんに気づくのが早く、その動きがゆっくり、はっきり見えること。

PROLOGUE

サッカー選手には絶対に必要な見え方

　L.2を試してみた人は、ほとんどが同じように感じられたのではないでしょうか。

　いきなり「センターでボールを見る」と言われてチンプンカンプンだった人でも、L.1とL.2の両方を行えば、「センターでボールや周りの人、ピッチを見る」ことの意味が実感できたのではないかと思います。

　実際のピッチでも「センターで見る」と、

・ボールがより立体感をもってくっきり見えるようになります。
・同時に周りの人や物も、普通に見た時とは別の世界のようにはっきり見えてきます。
・視野が広がって同時にいろいろなものが見えてきます。
・特に動く人や物が同時にくっきり見えてきます。

　いかがですか、そのすべてがサッカー選手として特に必要な見え方ではないでしょうか。

宮本武蔵が『五輪書』に記した「見」と「観」

　実は、宮本武蔵の『五輪書』にも「見」と「観」という言葉を使って、この見え方が説明されています。簡単に解説すると、

「見」＝「ルック」は「木を見て森を見ず」ということです。
「観」＝「ビュー」は「木も見えて同時に森も見える」ということです。

　武蔵は、この「見」と「観」のどちらで見るかによって認識や心の働き、身体の動き、戦術、戦略などあらゆることに決定的な違いが生まれると見抜いていたのです。

　たとえば、宮本武蔵のような剣術家が、5人の侍を相手に殺し合いをする場面を想像してみてください。

　「見＝ルック＝木を見て森を見ず」で相手の1人か、2人しか見ていなければ、あとの3人に簡単に殺されるはずです。5人の殺し屋を相手に勝とうと思えば、「観＝ビュー＝木も森も見える」の境地で5人全員がくっきりと見え、何人が同時に動いても、そのすべての動きが同時にはっきり見えていないと対応できません

15

ね。

　武術の世界では、昔からこの「観」こそが極意とされ、この「観」を身につけるためには、全身をゆるめ正中線（軸）を通すことが不可欠と教えられてきたのです。

「プレーの判断」をどのように理解していますか？

　サッカーでは、よく「判断が大事」といわれます。試合後のミーティングで、ビデオを見ながら指導者から「こっちの選択肢もあったよね」というアドバイスを聞くことがあると思います。
　「経験を重ねることでプレーの幅が広がる」という考えの指導者ほど、経験から学んでほしいと願う人が多いようです。しかし、サッカーというスポーツで、全く同じ状況のシーンが何度も起こりますか？
　似たようなシーンが起きた時、まさか「監督にアドバイスされた時と同じように、○○は走り出しているかな」と思って仲間を見たりするのですか？　これこそ「見＝ルック＝木を見て森を見ず」で、まさに視野の狭いプレーではありませんか。

「世界レベルの判断」とは「観」で見て最適のプレーを選ぶこと

　「世界レベルの判断」とは予断や先入観なく、ボールと周囲の選手とピッチ全体を「観る＝見えている」中で、ゴールを奪うために最適のプレーを選ぶことです。
　近くに走り出した味方が２人いて、遠くにフリーの仲間がいる、さらに右サイドに右手を挙げている味方がいるなどすべての状況が全く同時にくっきりと把握できていれば、選ぶべき最適の展開が浮かびあがってくるということなのです。それも一瞬の出来事です。
　世界レベルの判断というのは、このように流れの中で選ぶべきプレーが自ずと決まってくるものなのです。

「観」でみれば「シュートコース」が空く前に察知できる

　また、決定力でいえば、「見＝ルック＝木を見て森を見ず」の選手は、ゴール前の混戦の中でシュートコースを探そうとします。そして、シュートコースが空

いた瞬間にシュートを撃とうとします。

そのタイミングでも、アジアレベルではゴールが決まることもあるでしょう。しかし、世界レベルでは、シュートを撃つタイミングが遅すぎますよね。シュートコースが空いたと思ってシュートを撃ったのでは、相手に対応する時間を与えてしまうからです。

「観（ビュー）＝木も森も見えている」の選手は、ゴール前の混戦の中でも周りのすべての選手の動きがくっきりと見えています。そうした周囲の動きを感じていると、どこにシュートコースが空きそうなのかが察知できるのです。そのため、シュートコースが空く前の段階から準備に入り、シュートコースが空き切る前にシュートを撃てるのです。

しかも、軸が立って腸腰筋で身体をコンパクトに使えるので、脚の振りも速く、相手ＤＦはなかなか対応できません。世界レベルの試合では、こういう選手がゴールを決められるのです。

「世界レベルの判断」に必要なのは「観」と「ゆるゆるの身体」

これは、即ち「観」の選手であるかどうかが、自分のプレーや発想、戦術、戦略にも密接に関係してくるということです。

これからＷ杯でベスト４に入ったり、世界一になろうと思うなら、代表メンバー全員が「観」の境地を身につけることです。その境地は、「L.2」の手順に従うことで、最近全く運動をしていない、60歳手前の松井でも味わうことができました。おそらくサッカー選手なら誰でも、極意の一端を味わうことができると思います。

いま、日本のサッカートレーニングは、ここまで進歩しています。

もちろん、「観（ビュー）＝木も森も見えている」を味わっても、全員がすぐにサッカーで生かせるわけではありません。もちろん一人二人はすぐに生かせることもあるでしょうが、多くの場合その極意を会得するためには、繰り返しトレーニングする必要があります。これは当たり前のことです。

それでも、宮本武蔵が「千日の稽古を鍛とし、万日の稽古を錬とする」と言った江戸時代初期と比べるとずっと便利になっています。当時はどんな稽古をしていいのかわからず、「とにかく稽古をするしかない」という時代でした。でも高岡の研究が時代を変えたのです。

「球軸」は「ビュー軸」と「モーター軸」から始める

　高岡は、センター（軸）でボールを見る、センターで走る、センターで蹴るなど、世界のトップ選手に必要なセンター（軸）のことを「球軸」と呼んでいます。そして、「球軸」のうち、ボールや周囲の選手、ピッチ全体を観るセンター（軸）のことを「ビュー軸」と呼んでいます。

　さらに、自分の身体を思い通りに動かしてイメージ通りのプレーをするには、まず、全身がゆるゆるにゆるんで、センター（軸）がしっかり通っていること。そして、そのセンター（軸）を細い縦長のモーターのように使って手や足を動かすことが必要です。そのため、手や足を自由に動かすためのセンターを「モーター軸」と呼んでいます（「ビュー軸」「モーター軸」ともに第３章の冒頭で詳しく説明しています）。

　世界のトップ選手をめざすための「球軸トレーニング」は、まずはしっかりとしたセンターを通し、そのセンターを「ビュー軸」、「モーター軸」として鍛えていくことから始めます。

世界に先駆けて日本のサッカー選手は今すぐ「球軸トレーニング」を始めよう

　本書では、第３章から世界のトップ選手になるための「球軸トレーニング」を詳しく紹介しています。

　ただし、世界のトップ選手になれるような、しっかりとしたセンターが通るには、

　★第一関門　「もも裏派」になること。

　★第二関門　「裏転子」の身体意識が高まること。

　★第三関門　腸腰筋が使えて全身がゆるゆるにゆるんで、しっかりとしたセンター（軸）が通ること。

　★第四関門　センター（軸）がサッカーで機能する「球軸」になること。

　この四つの関門をクリアすることが必要です。そのため、第１章と第２章では、この四つの関門について改めて説明しています。

　まず、第１章と第２章を見て、自分は、現在、どの関門にいるのかチェックし

てください。日本の現役選手で第三関門を突破している人はいませんので、すべてのサッカー選手が、第3章から紹介する「球軸トレーニング」を行うと共に、「サッカーゆるトレーニング」(書籍『サッカーゆるトレーニング55』〈KADOKAWA刊〉で詳しく紹介しています) も並行して取り組んでもらいたいです。

第 1 章

サッカー選手として本当に成長するために必要なことは？

CHAPTER 1

どうすればサッカー選手は急成長できるか？

「サッカー選手として劇的に上達するには、どうすればいいですか？」

　サッカー指導者の皆さん、そして、トレーナーの皆さん、さらには科学者や評論家や記者、ライターの皆さんは、この素朴な疑問にどう答えられますか？

　運動科学者の高岡英夫は、長年の研究から、

「パフォーマンス力とゆるみ度の両方を向上させること」

　と答えています。

「パフォーマンス力」とは、キックやトラップ、ヘディングといったサッカーの技術、1対1の強さ、決定力、戦術理解力など、普段からサッカー界で評価されている「プレーのレベル」のことです。

　サッカーの練習では、一般にパスやドリブル、戦術など「パフォーマンス力」の向上をめざすものが多いですね。もちろんサッカー選手として成長しようと思うなら、パフォーマンス力の向上は欠かせません。普段から繰り返し質を高める練習をすることが大切です。

　それに加えて「本質力」も向上させれば、サッカー選手としてのトータルなパフォーマンスが劇的に上がっていくということです。

「ゆるみ度」とは全身の骨と筋肉がゆるゆるにゆるんで思い通りに使えること

「ゆるみ度」とは全身のあらゆるパーツがどれだけ柔らかく、しなやかな状態にあるかを表します。

　全身には約500種類の筋肉があります。それらの筋肉すべてが柔らかく、ゆるゆるにゆるんでいるかどうかです。うつ伏せの状態でだらっと脱力した時、たとえばお尻の筋肉に触ったらあたかも羽毛布団に触るようにしゅわっと筋線維が溶けていくような状態が理想的です。

　それと同時に全身の臓器や血管、骨もどれだけ柔らかくなれるか、ということも重要です。世界のトップ選手たちの身体は、それほど体内まで柔らかく、ゆるんでいるのです。

「骨が柔らかい」というと、驚く人がいるかもしれませんが、弾力のある骨をもつ選手と、硬い骨の選手ではプレーの質が大きく違ってきます。また、骨は硬いともろいものです。

21

「柔らかなタッチ」は筋肉や腱が柔らかいからできる

サッカー界でも、「柔らかなタッチ」とか、「柔らかなプレー」といった言葉を使います。そういうプレーが、なぜ可能かといえば、全身の筋肉や腱や骨までもが柔らかいからですよね。全身の筋肉や腱や骨の柔らかさが、サッカーのプレーに大きく関係しているということです。

サッカー選手の本当の実力は「パフォーマンス力×ゆるみ度」でわかる

全身の筋肉や腱が柔らかくてゆるゆるにゆるんでくると、身体の造りに応じた動きができやすくなります。身体の造りに応じた動きというのは、少し難しくいえば、人間が進化の過程で身につけた身体の機能に忠実な動きのことです。

世界のスーパースター選手は、本来の身体の機能に沿った動きができるからこそ、見ていてカッコイイし、世界中のサッカーファンを魅了するのです。

高岡は、サッカー選手の本当の実力は、「パフォーマンス力×ゆるみ度」で表せると考えています。パフォーマンス力が「7」、ゆるみ度が「7」なら、「7×7」で「49ポイント」がその選手の実力です。

W杯ブラジル大会の大迫勇也選手は、世界的には並以下の選手

日本代表のエースストライカーである大迫勇也選手は、2014年ブラジル大会の時、パフォーマンス力が「3」、ゆるみ度が「2」で、本当の実力は「3」×「2」の「6」ポイントでした。世界的には並以下の実力しかなかったのです。

ただ、当時の大迫選手の特長はポストプレーやシュートにおいて一瞬で上半身をふっとゆるめるのが上手なことでした。そのおかげで、アジアレベルでは日本代表のエースとしてなんとか通用していました。

しかし、本当にゆるんだサッカー選手と戦えば、「6」ポイント程度では相手になりません。実際、ブラジル大会初戦のコートジボワール戦と、2試合目のギリシャ戦にスタメン出場しましたが、いずれも後半の途中で交代を命じられ、3戦目は試合にも出られませんでした。

大迫勇也
2014年W杯ブラジル大会の時の大迫勇也選手は、太ももの前側に力を入れ、大地に踏ん張るという身体の使い方でした。競り合いでも重心を低くして踏ん張るので、逆に思うように動けなくなり、1対1にも弱かったです。また、身体全体に無駄な力が入っているため体力の消耗が激しく、試合が重なるとパフォーマンス力も落ちていきました。

4年後のW杯ロシア大会では「ゆるみ度」が大幅(おおはば)にアップ

　ところが、4年後のロシア大会で大迫選手は、見違えるくらいに「ゆるみ度」がアップしていました。本当の実力もパフォーマンス力「5」×ゆるみ度「5」の「25」ポイントと世界レベルに到達(とうたつ)していました。

　実際に初戦のコロンビア戦では後半にヘディングシュートを決めて勝利（2対1）に貢献(こうけん)。マン・オブ・ザ・マッチに選出されました。

　ドイツの1.FCケルンで、いろんな経験をして「パフォーマンス力」が向上したのも、彼がサッカー選手として成長した要因です。しかし、それ以上に「ゆるみ度」が見違えるほど向上して身体の使い方が進化したからこそ、W杯の舞台であれだけの活躍ができたのです。

2018年W杯ロシア大会の大迫選手。ゆるみ度が相当に高まり、全身から無駄な力が抜けています。もも裏の筋肉がしっかり使え、競り合っても高重心でプレーできており、脚もよく伸びています。写真を見てもカッコイイですね。センター（軸）もしっかりしていて、相手選手と競り合ってもバランスが崩れません。世界でも通用する身体の使い方になっています。

大迫選手は4年間でサッカー選手として理想的な成長をした

　2015年に刊行した『サッカーゆるトレーニング55』（KADOKAWA刊）で、大迫選手の問題点を指摘し、全身の筋肉を柔らかくする「ゆるトレーニング」を勧めていました。（その思いが通じたのか）きっと大迫選手は全身の筋肉を柔らかくするトレーニングに取り組んだのでしょう。サッカー選手として理想的な成長を遂げており、ロシア大会の大迫選手に高岡と松井の二人で大きな拍手を送りました。こういう成長ぶりを見ていると、10年以内にW杯で優勝できると思いたくなります。

「ゆるみ度」の大切さを初めて提言したのは2002年日韓大会の前

　実は、高岡と松井が、初めて日本のサッカー界に向けて「ゆるみ度」が大切という提言をしたのは2001年でした。翌年に控えたW杯日韓大会を前に、『サッカー日本代表が世界を制する日』（メディアファクトリー刊）という本を出版した

ところ、大きな反響がありました。それまでサッカー界では全く知られていなかった「ゆるみ度」についての具体的な提案だったからです。

提案から18年間で多くのサッカー選手が取り組み、成果が出ている

　特にコンディショニングコーチやトレーナーに多大な興味をもって頂き、日々のトレーニングに取り入れたり、選手にアドバイスする時の参考にしてくれました。それ以来、現役選手の中にも興味をもつ人が増えており、前園真聖さんにモデルになってもらった『ワールドクラスになるためのサッカートレーニング』(2002年／メディアファクトリー刊)、『サッカー世界一になりたい人だけが読む本』(2007年／メディアファクトリー刊) や、さらには『サッカーゆるトレーニング55』を手元に置いてトレーニングに励んでいる選手も増えています。

　最初の出版から18年の月日が経って、日本代表の「ゆるみ度」もずいぶんレベルアップしたと喜んでいます。

　ここでは、身体の使い方という観点から見た日本代表のこれまでの歩みを振り返りながら、「ゆるみ度」について初めて聞く人にもわかりやすく説明していきたいと思います。また、選手としてどの段階にいるかチェックしながら読めるように解説したいと思います。これまでの本と重複する部分もあるので、読んだ方はもうご存知ですが、復習だと思ってお付き合いください。

W杯初出場の日本代表はゆるみ度が低かった

　1998年、初めてW杯に出場した時の日本代表は、全身の筋肉や臓器などが硬く、「ゆるみ度」の低い選手たちが多かったです。ジョホールバル (マレーシア) でイラン代表に勝ってアジアの第3代表として本大会に滑り込みましたが、アジア最終予選の成績も「3勝1敗4分」で、予選の途中に加茂周監督から岡田武史監督に代わったほどでした。

　日本代表の歴史でみれば、初めてW杯への出場権を勝ち取ったという意味では快挙でしたが、実力的にはアジアでなんとか通用するというレベルでした。

　(1998年フランス大会　●0−1アルゼンチン　●0−1クロアチア　●1−2ジャマイカ)

もも前の筋肉がもこもこと発達した「もも前派」が多かった

　最もわかりやすいのは、太ももの前側の筋肉（大腿四頭筋）がもっこりと発達していたことです。当時の代表選手は、ほとんどが太ももの前側の筋肉が必要以上に発達していました。プレー中に踏ん張ると、太もも前側の筋肉がグワッと盛り上がっていました。高岡は、こういう選手を「もも前派」と呼んでいます。

「もも前派」は筋肉痛になるのも太ももの前側

　「もも前派」の選手たちは、激しいトレーニングをした時、筋肉痛になるのも太ももの前側です。さらに、もも前の筋肉に頼った動きをすると、全身の筋肉や骨や内臓まで硬くなりやすく、ゆるみ度が下がってしまうのです。

世界のトップ選手はもも前がスッキリした「もも裏派」

　それに対して、当時、世界のトップ選手だったバティストゥータ選手（アルゼンチン代表）やフィーゴ選手（ポルトガル代表）、ジダン選手（フランス代表）は、足を地面に着けても太ももの前側はスッキリしていました。大腿四頭筋が、日本の選手たちのように発達していなかったからです。

　その代わり、太ももの裏側のハムストリングス（内側の半腱様筋と半膜様筋+外側の大腿二頭筋）が発達してよく使えていました（49ページ参照）。

　高岡は、これらの選手たちを「もも裏派」と呼んでいます。世界のトップ選手は、筋肉痛になるのも太ももの裏側の筋肉です。

「もも前走り」は膝が曲がり、重心の低い走り方になる

　サッカー選手にとって「もも裏派」か、「もも前派」かは、大きな違いです。もも前派の一流選手というのはただの一人もいません。

　もも前の筋肉に頼った走りを「もも前走り」といいます。前に出そうとする脚を引き上げるのに、もも前の筋肉を使った走りです（28ページ参照）。

　と同時に地面に足を着いて自分の体重を支える時も大腿四頭筋で支えようとします。そのため、ヒザが曲がった状態になって重心の低い走りになります。背中

も丸くなりやすいのです。

「もも前走り」はブレーキをかけながら走るようなもの

　高岡は、太もも前側の大腿四頭筋を「ブレーキ筋」と呼んでいます。本来の役割が、ブレーキをかけることにあるからです。太ももの前側がよく発達していると、いつも動きながらブレーキをかけているようなものです。自転車のペダルをこぎながら、ブレーキもかけているところを想像してください。普通にペダルを

ガブリエル・バティストゥータ
1998年当時、世界のトップ選手だったアルゼンチン代表のバティストゥータ選手。写真は2000年～2003年の途中まで在籍したASローマ（イタリア）時代のものです。太ももの前側を見せてくれていますが、大腿四頭筋がもこもこ発達しておらず、見た目もスッキリしています。世界のトップ選手は、例外なくもも前がスッキリしていて、その反対にもも裏のハムストリングスが太く逞しく、しっかり使え、よく鍛えられています。

ルイス・フィーゴ
フィーゴ選手は、1990年代にポルトガル代表の中心選手として活躍しました。創造力豊かなプレーとドリブル技術の高さで世界のサッカーファンを魅了しましたが、ドリブルで突破できたり、混戦を一瞬の速さで抜け出せたのも「裏転子」（47ページ参照）の身体意識が発達していたからです。また、球軸が発達していたので、ドリブルをしてもボールが足に吸い付いているかのようでしたし、常にボールを尻下の近くでキープしていました。写真を見ても、全身から無駄な力が抜けてリラックスしているのがよくわかりますね。

こぐより余計に頑張らなければいけないし、圧倒的に疲れやすいですよね。

走る姿は腰のところで「く」の字に曲がり、見た目もカッコ悪いですね。この状態を「くの字腰」と呼んでいます。

「もも裏走り」は重心と目線も高く視野も広く、一瞬の動きも鋭い

それに対して、太もも裏側のハムストリングスを「アクセル筋」と呼びます。ハムストリングスは前へ進むパワーを生み出すための筋肉だからです。そして、もも裏の筋肉に頼った走りを「もも裏走り」といいます。

アクセル筋がしっかり使えれば、一瞬の動き出しも鋭くなります。また、もも裏をしっかり使って走るから腰が高い位置にあって背筋も伸び、球軸が立ち、「ビュー軸」が機能してきます。「ビュー軸」が働きますと、さらに視野が広く深視力も上がるので、周囲の状況も観えるようになり、相手が密かに近づいてきても察知しやすくなります。

[もも前走り]

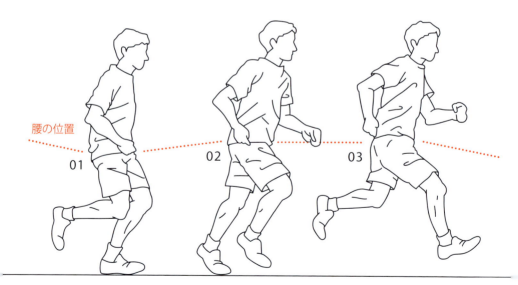

腰の位置
01　02　03

CHAPTER 1

[もも裏走り]

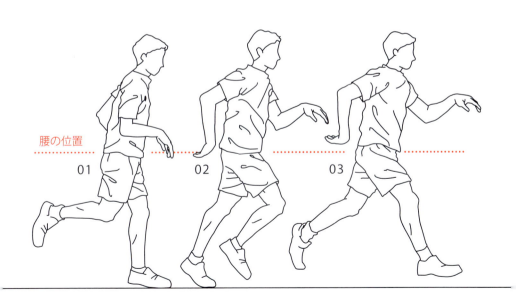

腰の位置

01　　　02　　　03

「もも裏キック」なら鋭いシュートやパスを蹴ることができる

　世界のトップ選手は、キックをしてもセンターが立ち、アクセル筋がしっかり使えています。こういうキックを「もも裏キック」と呼んでいます。
「もも裏キック」は、「もも裏走り」の延長で蹴るので、高スピードで踏みこんでいけます。さらに蹴り足は、主に腰の中にある「腸腰筋」(32ページ参照)を使って振られます。それだけ蹴り足の振りも鋭く、コントロールもよくなります。
　アクセル筋が使えることは、「モーター軸」の大事な要素になるので、絶対にものにしてくださいね。

［もも前キック］

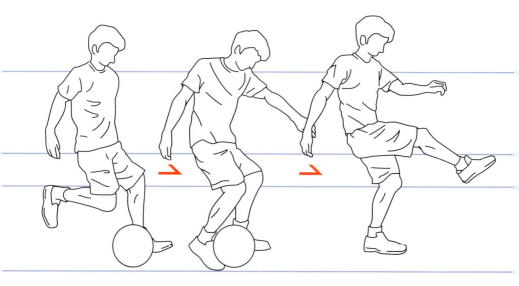

［もも裏キック］

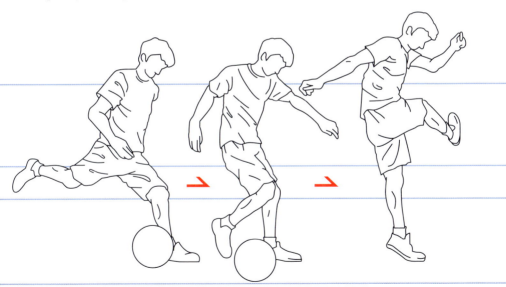

世界のトップ選手は腰の中の腸腰筋が使える

　腸腰筋は、下のイラストを見てもらうとわかるように、腰の中にある深層筋（インナーマッスル）のことです。もも裏のアクセル筋がしっかり使えて、全身の筋肉がゆるゆるにゆるんでくると自然に使えるようになる筋肉です。高岡は、昔からこの腸腰筋を使えることが、どんな分野でも世界のトップ、名人・達人になるための前提条件と発言しています。サッカーでも、世界のトップ選手は、必ずこの腸腰筋が使えています。

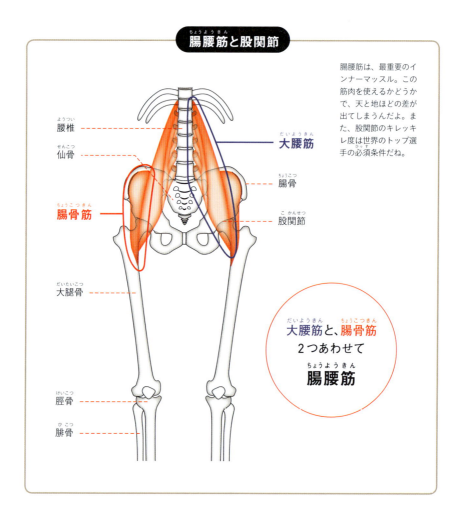

CHAPTER 1

世界のトップ選手は脚がお腹(なか)から分かれているように見える

　キックで腸腰筋が使えると、脚が、まるでみぞおちのあたりから分かれているような動きができます。腰の中にある左右のインナーマッスルで太ももを動かしているからです。腰が左右に割れているようにも見えるので、高岡は「割れ腰」と呼んでいます（40ページの図を参照）。

ジネディーヌ・ジダン
　ジダン選手は、歴史的に見ても世界最高峰の選手ではないでしょうか。写真を見るだけで美しく、かっこいいのがわかります。腰の中の腸腰筋がしっかり使えているので、脚がまるでみぞおちの辺りから分かれているようですね。典型的な「割れ腰」の実例です。また、腸腰筋がしっかり使えているので、W杯の大舞台でも全身の筋肉がゆるゆるにゆるんで超リラックス状態でプレーできています。モーター軸が見事に機能している例といえます。

33

「もも裏キック」ならウエイトのよく乗った鋭いキックができる

「もも裏キック」ができれば、いわゆるウエイト（体重）のよく乗ったキックを蹴ることができます。キックの時、アクセル筋と腸腰筋がよく使えれば、体幹が太ももと股関節の上をなめらかに、ボールの方向へ動いていきます。また、もも前のブレーキ筋をあまり使わなくてすみます。脚を振る時にブレーキがかからないから、体重が乗り、威力のあるキックを蹴ることができるのです。

「もも裏キック」ならパスの精度も上がる

アクセル筋と腸腰筋を使えれば、振り脚の無駄な力が抜け、それだけコントロールしやすくなります。脚をコントロールしやすくなれば、練習すればするほど、キックの精度も上がっていきます。

「もも裏キック」ならパスコースも読まれにくい

もも裏キックをすると、パスコースも読まれにくくなります。腸腰筋は腰の中にあるインナーマッスルなので、相手に筋肉の動きが見えません。そのため、キッカーの動きを見ていても、どこへ蹴ろうとしているのかわかりにくいのです。

「もも前キック」ではキックの威力が弱くなる

一方、もも前のブレーキ筋をガシッと使ったキックは、「もも前キック」と呼びます。特徴は、もも前の筋肉を使って太ももを引き上げようとすることです。

ボールを蹴ろうとして脚を振る時にも、もも前の筋肉が強く働くので脚の振りにブレーキがかかってしまいます。

キックしようと踏み込む時も、「もも前走り」なので踏み込みの勢いにブレーキがかかります。その選手の持つスピードをそのまま活かした踏み込みができないうえに、体重を十分に乗せた踏み込みもできません。その結果、体重が十分に乗らず、威力のないキックになるのです。

34

「もも前キック」ではキックの精度が下がる

キックの時に振り脚にブレーキがかかれば、それだけ脚のコントロールもしにくくなります。脚を思い通りにコントロールできなければ、キックの精度も上がりません。

「もも前キック」では、パスコースも読まれやすい

「もも前キック」では、ももの前や体幹の胸、お腹側の筋肉がよく動き、そうした筋肉の動きから超一流のDFに、パスコースも読まれやすくなります。

理想は、もも裏のアクセル筋が7:3で使えること

「もも前派」といっても、もも裏の筋肉が全く使えていないわけではありません。反対に「もも裏派」といっても、もも前の筋肉を全く使っていないわけではありません。サッカー選手の場合、アクセル筋とブレーキ筋が7：3ぐらいの割合で役割を果たすことが理想的です。もも前を使う割合が増えて5：5より多くなれば、「もも前派」になります。

「もも前派」では世界のトップ選手に1対1で勝てない

世界のトップ選手は、常にもも裏のアクセル筋をしっかり使っています。本当に必要な時だけ、必要に応じてブレーキ筋を使うのです。

でも、普通の選手は、普段からブレーキ筋も使います。アクセル全開で戦う選手たちと、アクセルと同時にブレーキをかける選手の戦いと考えれば、「もも前派」が1対1の攻防で、「もも裏派」に勝てない理由もよくわかると思います。

「もも前派」は、ここ一番でブレーキ筋を使うから、決定力も低くなる

そして、相手ゴールに迫ったここ一番という場面でも、「もも前派」はブレーキ筋を働かせてしまいます。太ももの前側やお腹、胸、肩などに無駄な力が入ってしまうから、シュートの精度が低くなりがちです。決定力でも、大きな差が出ます。

「もも前派」は、ゴールへ向かう前進力が弱くなる

　常にゴールをめざそうと思うなら、アクセル筋をしっかり使ってゴールに向かうことが大切です。でも、ブレーキ筋を使う割合が増えると、行動や発想、判断にまで影響を与え、恐ろしいことに、ゴールへ向かう前進力が鈍ってしまいます。

　ブレーキ筋を使って止まったり、横へ動いたり、肝心な時に横パスを出そうと思ってしまいます。もも前とか、ももの横に無駄な力が入ると、前へ進むより、横への意識が自然に強くなってしまうのです。

　筋肉の使い方は、プレー中の判断や発想の中身にまで影響しているのです。

W杯フランス大会の日本代表は、世界のトップ選手たちとの差が歴然だった

　1998年W杯フランス大会は、世界のトップ選手たちが揃うアルゼンチンやクロアチアを相手に、スコア的には0対1でしたが、試合内容は完敗でした。グループリーグの日本戦ということで、相手は余裕をもった戦い方をしており、日本とのレベルの差は歴然としていました。

　第3戦のジャマイカには勝てるのではないかという予想もありましたが、大会3試合目で日本選手の足が重く、1対2で敗れました。日本選手と比べるとジャマイカの選手たちの方が「もも裏派」が多く、「もも前派」の日本選手は消耗が激しかったのです。

中田英寿選手はペルージャでどんどんゆるんで大活躍できた

　このW杯の後、中田英寿選手がセリエAのペルージャに移籍しました。ペルージャで中田選手はどんどんゆるんでいき、素晴らしいプレーを見せてくれました。「ゆるみ度」が上がった結果、サッカーの実力が劇的にアップしました。

　ペルージャは決して強いチームではありませんでしたが、中田選手は有力クラブの選手たちと競り合っても1対1で負けていませんでした。「ゆるみ度」の高さと「球軸」の強さのまさに支えがあったからです。そればかりか、自分から密集地帯にかかんに飛び込んではチャンスを作ったり、ＭＦなのに10ゴールも奪って、チームのセリエA残留の立役者となりました。中田選手は、このペルージャ時代が一番輝いていました。

CHAPTER 1

中田英寿

ペルージャ時代の中田英寿選手。もも前がスッキリしていて、もも裏のアクセル筋がかなり使えています。上半身の無駄な力も抜け、全身がいい感じでリラックスしてセンターが通っており、球軸も発達しているので競り合いながらもボールをしっかりコントロールできています。世界的に注目されだしたペルージャ時代に、さらなる進化をめざしてもも裏と腸腰筋がしっかり使えるトレーニングに取り組んでいればよかったのに、と思うと残念です。

2006年W杯ドイツ大会の時の中田英寿選手。その約5年前から筋トレでもも前を鍛えたため、この頃には「もも前派」になってしまいました。ドリブルをしてもブレーキ筋を使っています。胸やお腹はもちろん、顔の筋肉にも無駄な力が入っており、顔の表情もスッキリしません。「心身一如（しんしんいちじょ）」といいますが、筋肉の状態が心のあり様にまで影響します。この時、すでに引退を決意していたそうですが、もともと頭のよい選手ですので、イメージ通り、思い通りに身体が動かないことにもどかしい思いをしていたのではないでしょうか。

37

中田選手はもも裏が使えたからセリエＡでも１対１に強かった

　ペルージャ時代の中田選手は、もも裏のアクセル筋がある程度使えていました。アクセル筋がそれなりに使えたからこそ、セリエＡでも積極的に密集地帯へ入って行けましたし、その密集地帯を抜け出してチャンスも作れました。日本人サポーターから「つえ～（強い）」という声が上がり、中田選手は「フィジカルが強い」と評価されました。

もも裏が使えたから、パスやシュートの精度も上がった

　アクセル筋がしっかり使えると、内転筋などももの内側の筋肉もよく使えて脚から無駄な力が抜けます。脚から無駄な力が抜けるから、身体全体がコンパクトに使え、パスやシュートの精度が上がりました。自分の身体がイメージ通りに動きやすくなるからです。

両脚が腰の中の腸腰筋で吊られ、プランプランと揺れていた

　ペルージャ時代の中田選手の最大の特長は、両脚が、まるで何かに吊られているかのようにプラン、プランと揺れていることでした。ただ走っていても、両脚がプラン、プランと揺れていましたし、ラストパスを出す時にも、脚全体がプラーンと振られていました。腰の中の腸腰筋が使えていたので、みぞおちのあたりから吊られているような脚の使い方ができたのです。

中田選手は筋トレで「もも前」を鍛えてしまった

　ところが、ペルージャから名門クラブであるＡＳローマへ移籍した2000年頃から、中田選手は筋トレで脚をどんどん鍛えだしました。
　ただ筋トレをすることは危険です。高いレベルで活躍しようと思えば、アクセル筋であるハムストリングをかしこく鍛えることが必要です。
　しかし、中田選手はもも裏ではなく、もも前の筋肉（大腿四頭筋）を鍛えてしまったのです。つまり、「ブレーキ筋」を一生懸命鍛えるようになってしまいました。

「もも前派」になって、プレーからキレが失われた

　もちろん、サッカー選手は急に止まったり、走るスピードを落としたりすることもあります。ブレーキ筋もある程度鍛えておくことは大切です。でも、ブレーキ筋をたくましく鍛えすぎると、プレーとしては前へ進む力が衰えます。一瞬のスピードも、プレーのキレも悪くなり、密集地帯に飛び込んで行っても、倒されたり、ボールを奪われることが増えるのです。

「もも前派」になった中田選手は26歳の若さで輝きを失った

　中田選手のプレーから明らかにキレが失われたのは、2003年のACパルマ時代でした。この頃には、脚もプラン、プランとは振れなくなりました。そして、2005年には日本代表の試合でもパスミスが目立ち、ドリブルで駆け上がっても当たり負けるようになりました。腰がくだけて倒れることすらありました。

サッカー界は「ドーハの悲劇」より「中田の悲劇」を語り継ぐべき

　サッカー選手には、とても怖い話でしょうね。世界でも注目されるほど輝いていた選手が、わずか2、3年で一気に衰えてしまうのです。もも裏のアクセル筋がよく使えることが、世界のトップ選手の絶対条件です。それができなくなれば、たとえ中田選手であってもあっという間に普通の選手に戻ってしまいます。

　日本サッカー界は、この事実を知り、語り継いでもらいたいです。ロスタイムに同点ゴールを奪われてW杯に行けなかった「ドーハの悲劇」より、この「中田の悲劇」の方がこれからのサッカー選手にはよほど教訓になります。

小野選手は肋骨周りの筋肉が柔らかく、ゆるみ度も突出していた

　小野伸二選手は、1999年のワールドユース大会で準優勝した時、日本で「天才」と呼ばれていました。当時の若い選手の中でも「ゆるみ度」が突出して高く、とてつもない可能性を秘めていたからです。小野選手の特長は、特に肋骨の周りの筋肉が柔らかかったことです。

肋骨周りの筋肉が柔らかいと「肋骨」と「肩甲部(けんこうぶ)」とがずれ動く

　人間の身体というのは、肋骨の上に肩関節と三角筋、僧帽筋(そうぼうきん)といった筋肉がのっかっています。それぞれの筋肉がとても柔らかくてよく動くと、肩関節や肩甲骨の部分(高岡は「肩甲部」と呼んでいます)と肋骨がずれるように動くのです。

　また、もも裏のアクセル筋と腸腰筋がよく使えると、脚がお腹の中から別々に動くように使えます。腸腰筋が使えて、肋骨周りの筋肉もよく動き、上半身が柔らかく使えます。

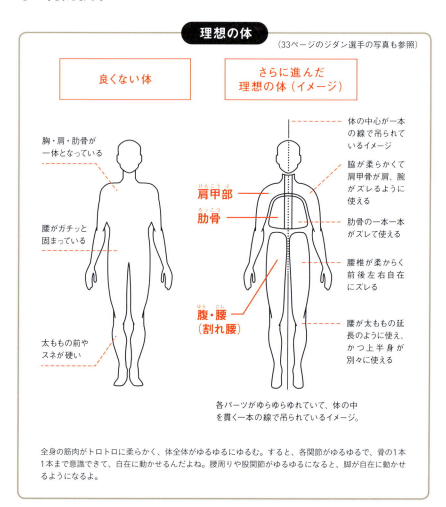

ボディバランスの素晴らしい選手は「肋骨」と「肩甲部」が分離している

　ボディバランスが素晴らしいと思う選手、上体が柔らかいなぁと思う選手は、たいていこの「肩甲部」と「肋骨」が分離しています。そして、お互いにずれ動くことで上半身のバランスを保てるのです。

若い頃の小野伸二選手はベッカム選手クラスになる可能性があった

　絶好調の時のデビッド・ベッカム選手は、その典型的な選手でした。メッシ選手やネイマール選手が絶好調だった時も、フリーキックを蹴った時など、肩から胸にかけて「ぐにゃっ」という感じで動いていました。若い頃の小野選手は、当時でいえば、ベッカム選手クラスの選手になる可能性を秘めていました。

小野伸二
若い頃からベッカム選手のような上半身の柔らかさが特徴だった小野選手ですが、オランダで「もも前派」になってしまいました。この写真は2005年のもので、すでにもも前の筋肉が発達して相手と競っても、もも前で踏ん張るようなプレースタイルになっています。やがて上半身も硬くなって自らの長所を失い、普通の選手になってしまいました。

残念だったのは、もも裏のアクセル筋が使い切れていなかったこと

　小野選手は、2001年にオランダのフェイエノールトへ移籍して、いきなり主力として活躍します。そして、UEFA杯（現ヨーロッパリーグ）制覇の原動力になり、2002年W杯日韓大会も主力として決勝トーナメント進出に貢献しました。この2002年度はアジアサッカー連盟から年間最優秀選手賞を贈られました。当時、小野選手はまだ22歳でした。

　ただ、残念だったのは、上半身の柔らかさに対して、「もも裏のアクセル筋」が十分に使い切れていないことでした。当時の彼は「ファンタジスタ」と呼ばれたようにパスさばきは抜群にうまかったけれど、突破力とか、一瞬の速さというのは感じなかったのではないでしょうか。もも裏のアクセル筋が使えないと、1対1で相手を振り切りたいとか、密集地帯を突破したいという発想にはなりません。

日韓大会後から「もも前のブレーキ筋」に頼るようになった

　小野選手は、ちょうど日韓大会後の2003年頃から「もも前のブレーキ筋」に頼るようになります。

　もともとアクセル筋が使い切れておらず、本来ならアクセル筋や背中の筋肉をしっかり使えるようにトレーニングすべきでした。その頃に出版した『サッカー日本代表が世界を制する日』で、高岡はそう提言をしましたが、その思いは届かなかったようです。

　小野選手は「ゆるみ度」の大切さに気づかず、反対に「もも前」に頼るようになり、彼の特長だった上半身の柔らかさも失っていきます。

パフォーマンス力は上がったが、「ゆるみ度」が下がって本当の実力は後退

　オランダでいろんな経験を積んで、プレーの幅は広がっていました。そのため、「パフォーマンス力」が上がっていたのも事実で、一見するとサッカー選手としてレベルアップしているように見えました。

　しかし、実際には「ゆるみ度」が低下することで、サッカー選手としては後退していたのです。

念願のスペインリーグ移籍も叶わず、浦和レッズに戻った

　やがて、その現実がプレーにも現れます。小野選手本人はオランダからスペインリーグへ移籍したかったようですが、持ち前の柔らかさを失ってしまった結果、古巣の浦和レッズへ戻らざるを得ませんでした。

　2006年W杯ドイツ大会は、小野選手が26歳で迎えた世界の大舞台でしたが、初戦のオーストラリア戦で途中出場しただけで全く活躍できませんでした。

かつての「天才」は再び世界で輝くことはなかった

　小野選手は、2002年日韓大会後からケガが多かったという事情もあります。しかし、ケガをしても「ゆるみ度」をアップさせるトレーニングをしっかりしていれば、いずれ復活できたはずです。現実は「もも前派」になったため、全身の筋肉が硬くなってケガや故障に次々と見舞われたということでしょう。

　また、最大の特長だった上半身の柔らかさを失い、身体が思い通りに動かなくなってイメージ通りのプレーができなくなっていきました。若い頃に「天才」と絶賛された小野選手でしたが、再び世界の舞台で輝くことはありませんでした。

世界のトップ選手をめざすには「もも裏派」になることが大前提

　子どもから大人まで、選手として成長しようと思えば、まず、「もも前派」を脱して「もも裏派」になることが大前提です。太ももの前側の筋肉がもっこりと発達したり、もも前が筋肉痛になるという選手は、まず、前著の『サッカーゆるトレーニング55』などを参考にして全身の筋肉をゆるめるトレーニングをすることです。

日韓大会は若手中心でもも裏を使える選手がいた

　2002年のW杯日韓大会では、日本代表にも、なんとかもも裏を使える選手がいました。中田英寿選手をはじめ、小野伸二選手、キャプテンだった宮本恒靖選手、若い頃から日本のＧＫとして数々のスーパーセーブを連発した川口能活選手、稲本潤一選手たちです。トルシエ監督の手腕と地元の利などもあって日本

代表はグループリーグを突破して決勝トーナメントに進出しました。

（△2－2ベルギー　○1－0ロシア　○2－0チュニジア

決勝トーナメント1回戦　●0－1トルコ）

ドイツ大会は主力が「もも前派」になってグループリーグ敗退

しかし、その後、中田選手や小野選手、宮本選手、稲本選手らが「ゆるみ度」を低下させます。2006年ドイツ大会は、ジーコ監督がスタメンに起用したFW柳沢敦選手やDF駒野友一選手たちのように、再び「もも前派」が目立つ日本代表に戻ります。当然ながらグループリーグで敗退します。

（●1－3オーストラリア、△0－0クロアチア、●1－4ブラジル）

ジーコ采配を批判する以前に1対1やパスの精度、決定力で完敗だった

ドイツ大会の日本代表は、アジア杯やW杯アジア予選でそれなりに戦えていました。中村俊輔選手や福西崇史選手、高原直泰選手、小笠原満男選手ら中心選手がなんとか「もも裏のアクセス筋」を使えていたからです。

しかし、「もも裏のアクセル筋」がなんとか使える程度では、世界の大舞台では通用しません。大きなプレッシャーに負けて、とたんに全身に無駄な力が入りやすいからです。

大会後、ジーコ監督の選手起用や采配に批判が集まりましたが、グループリーグの3試合を見れば、監督の采配や選手起用以前に1対1での攻防やパス、シュートの精度、スタミナ、そして何より決定力に相手チームとの大きな差がありました。

ブレーキをかけながら走り回った結果、精も根も尽き果てた

さらに炎天下の試合になったことも、「もも前派」の日本には不利でした。ブレーキ筋を使うので無駄に疲労がたまりやすいのです。初戦のオーストラリア戦でも勝負どころの最後の10分間、日本の選手たちの運動量はガクンと落ちました。また、3戦目のブラジル戦は、蓄積した疲労で誰もがバテバテでした。

日本のマスコミは大会後に「戦う気持ちが感じられなかった」と精神論を展開

していましたが、それでは選手たちが気の毒です。むしろ選手たちは必死に戦っていたと思います。しかし、常にブレーキ筋を使いながら走り回った結果、疲れ果ててしまったというのが現実です。

密かに引退を決意していた中田英寿選手が、試合後、しばらくピッチから起き上がれなかったのは、この大会の日本代表を象徴する姿でした。

南アフリカ大会は「もも裏派」が増えてグループリーグ突破

2010年W杯南アフリカ大会では、日本代表の前評判は低かったですよね。危機感を抱いた岡田監督が守備の布陣で戦い、これがはまりました。また、対戦相手に恵まれたこと、遠藤保仁選手や本田圭佑選手、長友佑都選手ら、もも裏がそれなりに使える選手が活躍して決勝トーナメントまで進出できました。

（○1－0カメルーン、●0－1オランダ、○3－1デンマーク
　1回戦●0－0〈PK3-5〉パラグアイ）

2014年ブラジル大会では、ほとんどの選手が「もも前派」に

2014年W杯ブラジル大会は、日本代表への期待は大きかったですが、結果はグループリーグ敗退でした（1分2敗）。

4年前の南アフリカ大会でそれなりにもも裏を使えていた本田選手や長友選手、香川選手、岡崎慎司選手といった中心選手が、もも前派の選手に成り下がったからです。これでは世界のトップ選手に対抗できるはずもなく、ギリシャと引き分けるのが精いっぱいでした。

反対に、もも裏派の代表的選手だったドログバ選手（コートジボワール）やハメス・ロドリゲス選手（コロンビア）といった世界のトップ選手に、大きな差を見せつけられました。

（●1－2コートジボワール、△0－0ギリシャ、●1－4コロンビア）

ブラジル大会の日本代表は、レベルの低い「もも裏派」といったところ

当時の日本代表には、完全なる「もも前派」は減っていました。しかし、もも裏のアクセル筋がしっかり使える選手もいませんでした。もも前の硬さが抜けき

45

っていないので、ワールドカップのようにプレッシャーのかかる大舞台になれば、とたんに全身に無駄な力が入ります。そういう理由で、大会が始まると「もも前派」のチームになってしまったのです。

　そうすると動きが悪くなって、キックの精度も下がります。ゴールに向かわず、無駄なパスが増えるし、シュートの精度も落ちます。当然ながら決定力も一気に下がって、日本のサポーターの期待を裏切ることになりました。

「裏転子」という身体意識が身につくことが第二関門

　実は、もも裏派といっても、世界のトップ選手をめざす中では、ほんの第一関門を通過したにすぎないのです。もも裏のアクセル筋が、その役割通りに使えれば、やがて「裏転子」(47ページ参照) という身体意識が身につきます。この「裏転子」をきちんと身につけることができたら、ようやく第二関門通過です。

　「裏転子」とは、もも裏のハムストリングスをしっかり使えるようにする身体意識です。イラストでも示した通り、お尻の下半分からハムストリングスの上半分にかけて帯状にできる潜在的な意識のことで、その部分の筋肉がよく使えるようになります。

本田圭佑
本田圭佑選手は、ロシアリーグやアジアレベルではもも裏がそれなりに使えていましたが、もも裏が正確に使えるレベルではありませんでした。そのため、プレッシャーのかかるセリエAやW杯では「もも前派」に逆戻りして持てる力を発揮できませんでした。もともと筋肉の柔らかさに恵まれ、上昇志向も強い選手でしたので、セリエAに移籍した後、もも裏をしっかり使えるトレーニングをしていれば世界のトップ選手になれた可能性がありました。

ブラジル大会の日本代表には第二関門を突破した選手がいなかった

　ドイツ大会やブラジル大会の日本代表は、もも裏のアクセル筋はそれなりに使えるようになっていても、人体最強の筋肉である大臀筋も含めた「裏転子」が十分に発達していませんでした。

　アジアではそれなりにプレーできるし、プレッシャーのかからない親善試合でもそこそこのプレーはできます。

　しかし、もも前の硬さが抜けきっていないので、世界のトップ選手との真剣勝負ではとても対抗できませんし、プレッシャーのかかる大舞台になると、とたんに全身に無駄な力が入ってしまうということです。

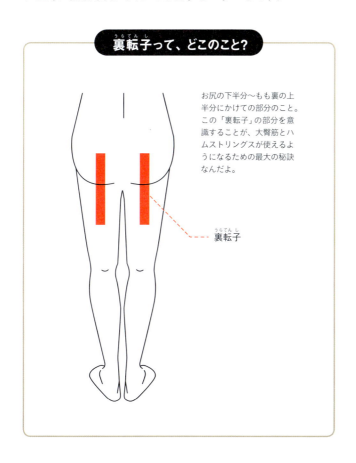

裏転子って、どこのこと？

お尻の下半分〜もも裏の上半分にかけての部分のこと。この「裏転子」の部分を意識することが、大臀筋とハムストリングスが使えるようになるための最大の秘訣なんだよ。

裏転子

レッグカールをする時は特に注意が必要

　もも裏のアクセル筋といっても、膝に近い、ハムストリングスの下の方を使っているようでは、世界のトップ選手にはなれません。股関節周りで筋肉をしっかり使えることが重要です。具体的な筋肉でいえば、「半腱様筋」と「半膜様筋」が使えることなんです（右ページのイラスト参照）。

　筋力トレーニングの「レッグカール」を一生懸命に頑張り、膝に近いところに筋肉をつけてしまうと、ゆるみ度が後退しかねません。注意が必要です。

大腿四頭筋とハムストリングス

ブレーキ筋＝大腿四頭筋

もも前の筋肉

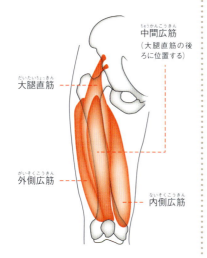

- 大腿直筋
- 中間広筋（大腿直筋の後ろに位置する）
- 外側広筋
- 内側広筋

アクセル筋＝ハムストリングス

もも裏の筋肉

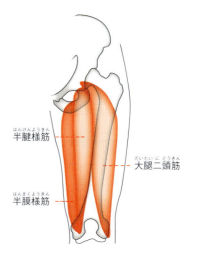

- 半腱様筋
- 大腿二頭筋
- 半膜様筋

役割は、大腿四頭筋がブレーキで、ハムストリングスがアクセル。歩いたり、走ったりする時、大腿四頭筋とハムストリングスが、どれくらいの役割で使えているかは、パフォーマンス力に大きく影響する。

※筋の付着部等については正確な描写を省略してあります。

ロシア大会の日本代表は「ゆるみ度」が相当進んでいた

　日本代表の姿に「10年以内に世界一も夢ではない」と感じたのが、2018年W杯ロシア大会でした。
　当時の代表は大会直前に監督の交代があってゴタゴタした印象でしたが、西野朗監督が就任して開幕すると、
「ついに日本代表がこのレベルに来たか」
と感激しました。若い選手を中心に「ゆるみ度」が相当に進んでいたのです。もも裏のアクセル筋が使えるうえに、大臀筋も含めた「裏転子」まで使える選手がいました。
　本書の冒頭でも紹介した大迫勇也選手をはじめ、乾貴士選手、柴崎岳選手、原口元気選手といった選手たちです。また、長友佑都選手、酒井宏樹選手、長谷部誠選手、吉田麻也選手、昌子源選手、香川真司選手、本田圭佑選手、川島永嗣選手たちも、なんとか「もも裏派」でした。強豪チーム相手にのびのびとプレーできていて頼もしかったです。

乾貴士
もも裏と腸腰筋がしっかり使えるようになると、歩く姿もカッコよくなります。歩く時、股関節の前側や膝がよく伸ばされて高重心になるからです。また、脚がまるでみぞおち辺りから分かれているかのように使えているのもよくわかりますね。全身から無駄な力が抜けてリラックスし、顔の表情もスッキリしています。大きな大会の試合中もこういう心身の状態でずっといられたら、プレーの質も、人気も上昇していきます。

51

乾選手はプレーでも、もも裏がしっかり使えて世界で通用するレベルになっています。ただ、まだ背中や肩・腕が十分にゆるんでいません。これから世界のトップ選手になりたければ、上半身をゆるめるトレーニングと、股関節ともも裏をもっとしっかり使えるようにするトレーニングに取り組むことを勧めます。と同時に球軸を身につけるトレーニングを行えば、世界のサッカーファンを魅了するプレーヤーになれるはずです。

特に大迫選手の進化は過去4年間に正しい努力ができたことの証明

　日本は初戦のコロンビア戦に2対1で勝ちました。決勝点は後半28分、大迫選手のヘディングシュートでした。この日の彼は前半からキレのよいプレーを見せており、「もも前派」だった4年前のブラジル戦より「ゆるみ度」がずいぶん進んでいました。4年間にサッカー選手として本当の実力を向上させる、素晴らしいトレーニングをこなしてきたことがよくわかりました。
　開始早々の一発退場でコロンビアの選手が一人欠けたことも日本には有利でしたが、W杯でアジアのチームが南米のチームに勝ったのは史上初の快挙でした。

乾選手のスーパーゴールも「ゆるみ度」が進んだ賜物

　2対2で引き分けたセネガル戦で1点目のゴールを決めた乾選手も、ロシアで輝きました。セネガル戦のゴールも、ペナルティーエリア内で落ち着き、ボール

CHAPTER 2

を動かすことでシュートコースを空け、かつカーブをかけてゴール右隅を狙うというスーパーゴールでした。

　ゴール前で慌てたり、焦ることなく、落ち着いて行動できたのは、結局のところ「ゆるみ度」が進んだためです。あの場面で、もも前のブレーキ筋に頼り、肩にも無駄な力が入っていたら、シュートを撃てたとしても枠内に飛んでいないか、もっとひ弱なキックになっていたでしょう。これまでのW杯で、日本代表のそんなシーンをたくさん見てきました。

　グループリーグ最後のポーランド戦は0－1で敗れ、最後の10分間に自陣でボールを回すという戦い方は物議を醸しました。それでも勝ち点4で並んだセネガルより警告数が少なかったことで、決勝トーナメントへの進出を決めました

原口元気
原口選手もここ数年でゆるみ度が進んだ選手の一人です。もともと脚の力を抜くのは上手でしたが、力みが見られた上半身がずいぶんゆるんできました。しかし、まだ背中の上部から肩回りにかけて無駄な力が入りやすいです。上半身と股関節をゆるめるトレーニングに取り組み、球軸が通ってきたら世界の大舞台でも活躍できます。

53

優勝候補のベルギーには2点リードから逆転負けと勝ち切れず

　決勝トーナメント1回戦の相手は、優勝候補にも挙がっていたベルギーでした。後半7分までに原口選手と乾選手のゴールで2対0とリードしながら3失点して逆転されました。

　後半7分、2対0とリードする予想外の展開になったことに、西野監督は、後日、「キャプテンの長谷部選手に『このままでいいんですか？』と聞かれて、『このままでいいんだ』と答えましたが、いまはそれしか言えなかったことを悔やんでいます」と語っていました。日本はイケイケ状態を保ったまま試合を進めました。

　後半10分、ベルギーは長身の選手2人を投入します。その数分後、長谷部選手の真横へのキックが香川選手にぶつかります。この小さなミスで、ピッチの選手たちには嫌な予感が広がったそうです。反対に勢いづいたベルギーの猛攻を受けて連続ゴールを許し、日本は同点に追いつかれました。そして、後半のアディショナルタイムに逆転ゴールを決められました。

　強豪チーム相手に善戦はしましたが、勝ち切れませんでした。

敗因のヒントがNHK『ロストフの14秒』の中にあった

　世界の強豪国に勝ち切るには、何が足りなかったのでしょうか。

　そのヒントになる番組がNHKで放映されていました。『ロストフの14秒』というタイトルのドキュメンタリー番組です。

　日本とベルギー両チームの選手たちに丁寧に取材して興味深い証言を引き出していました。質の良い番組を作られたスタッフの皆さんに敬意を表しつつ、番組から選手たちの証言を引用させて頂きたいと思います。

日本の選手が描いた共通イメージと、ベルギーの選手が描いた共通イメージ

　日本対ベルギーは、2対2のまま大詰めを迎えていました。

　後半のアディショナルタイムに、日本はゴール正面でFKを得ます。ＭＦ本田圭佑選手が無回転のシュートをゴール左隅に放ちましたが、ベルギーの長身

GKクルトワ選手に弾かれました。そして、左からのCKになりました。

　CKのキッカーも本田選手です。この時、日本の選手たちは共通のイメージを描いていたそうです。初戦のコロンビア戦で、同じく本田選手のCKに大迫選手がヘディングで合わせ、決勝点をとったシーンです。本田選手は、初戦とほぼ同じ軌道でCKを蹴りました。

　ベルギーの選手たちにとって、それは想定内のキックでした。どのチームも相手のセットプレーは、事前に分析しています。ベルギーの選手たちもCKの軌道を確認して、カウンター攻撃をイメージしました。

　ベルギーの快速MFデブルイネ選手は、蹴られたボールがゴール前に達しようとした時、日本ゴールに向かって走り始めます。それに気づいたGKクルトワ選手も、カウンター攻撃へのイメージを描きます。NHKのインタビューに対して長身のGKは、こう証言しています。

「あの場面で普通はキャッチしませんが、走り出した彼を見てパスがひらめいたんです」

　デブルイネ選手も、こう話しました。

「クルトワならキャッチすると確信していました。これからのプレー、それしか頭になかったです。日本の選手はゴール前に上がっていて、目の前には広大なスペースがある。神が与えてくれたチャンスだと」

　GKクルトワ選手がボールを頭上でキャッチして前へ出ます。GKの真横にいた吉田麻也選手は、

「うわ、捕られた」

　と下を向き、攻守の切り替えがワンテンポ遅れました。

ティボ・クルトワ
クルトワ選手は、W杯ロシア大会でゴールデングローブ賞を獲得しました。「タランチュラ」と呼ばれるように長い手脚をのびやかに使え、かつ俊敏に動けます。それも全身がゆるゆるにゆるんでいて、もも裏がしっかり使えるからですね。センター（軸）もしっかりしているので重心の上下動や身体のブレが少なく、恵まれた運動能力を存分に発揮できています。バネや俊敏さといった身体資源に恵まれても、ゆるゆるにゆるんでいなければ宝の持ち腐れになってしまいます。

快速MFデブルイネ選手が山口蛍選手に仕掛けた巧妙なワナ

　クルトワ選手は、走行スピードを上げるデブルイネ選手の前へボールを転がしました。絶妙のタイミングでパスを受けたデブルイネ選手は、ボールを大きく蹴り出しながら駆け上がります。攻めるベルギー選手は5人、それに対して日本の守備は3人でした。5対3の攻防となりました。

　時速30キロで駆け上がるデブルイネ選手に対峙したのは、ボランチの山口蛍選手でした。デブルイネ選手のドリブルタッチが大きいのを見て、山口選手はそのボールが取れるのではないかと考えたそうです。しかし、山口選手にそう誤解させたのは、デブルイネ選手の罠でした。

「相手の注意を引き付けようとしていた。ギリギリまでボールをキープして相手がボールを取りに来るのを待っていたんだ」

　ドリブルで大きなタッチを2度した後、一転、細かなタッチでボールを足元に引き付けました。

「ヤマグチがボールに食いついてきた瞬間にパスを出そうと思っていました。そうすればディフェンスを一枚減らせるからね」

　もともと5対3と数的有利な状況でしたが、デブルイネ選手はさらに日本の守備陣を一枚減らそうと罠を仕掛けたのです。

ケヴィン・デブルイネ
デブルイネ選手の走りは、典型的な「もも裏走り」です。もも裏と腸腰筋がしっかり使えているので、脚がまるでお腹から分かれているように見えます。それほどゆるんでいるから、バネや俊敏さといった恵まれた身体資源をボールキープしながらも存分に発揮できているんですね。長い距離を走り上がった後でも精度の高いパスを出せるのも、やはり無駄な力が入っていなくて、体力の消耗が抑えられているから。上半身がもっとゆるんでいけば、世界のトップ選手になれる逸材です。

長友選手は冷静に対応して一番危険なパスコースを消した

　デブルイネ選手は、山口選手が寄せてきた瞬間、右サイドのＤＦムニエ選手
へボールを送りました。山口選手が置き去りにされ、日本の守備陣は２人になり
ました。中央を駆け上がるＦＷルカク選手をマークしていた長友選手が、身体を
反転させて右サイドに向かいます。長友選手は、冷静でした。
　「（ムニエに）キーパーとディフェンスの間に速いボールを送られるのが一番怖
かった。マイナス（後方へのパス）は仲間が帰れるんじゃないかという思いで、
僕は一番怖いところを消しに行った」
　長友選手がムニエ選手のパスコースを消したので、ムニエ選手はダイレクトで
真横に折り返すしかなくなりました。

ＦＷルカク選手のスルーにはベルギーの監督も驚き、「なぜ」と両手を広げた

　ムニエ選手のパスの先にはＦＷルカク選手と、全速力で戻ってきたボランチの
長谷部選手が走り込んでいました。長谷部選手は何とかルカク選手のシュートコー
スを消そうとします。その時、ルカク選手がスルーしました。ベルギーのマル
チネス監督も「なぜ？」というように両手を広げましたが、ルカク選手はもっと
早い段階でスルーを決断していたといいます。
　「ボールが来たらスルーしようと最初から決めていたんだ。後ろにシャドリが走
っているのが見えていたからね」
　ルカク選手は、その４秒前、デブルイネ選手がムニエ選手にパスを出した直後、
顔を回して周囲の状況を確認していたのです。そして、背後をフリーで走ってく
るシャドリ選手にシュートを撃たせようとイメージを描きました。シャドリ選手
も、同じイメージを描いていました。
　「ルカク選手がスルーした時、自分の周りのすべてがスローモーションになった
かのようだった。特別な瞬間だった」
　シャドリ選手は、目の前に転がってきたボールをゴールへ蹴り込むだけでした。

ロメル・ルカク
ルカク選手のボディバランスが抜群なのは、センターが通って全身がゆるゆるにゆるんでいるから。全身の筋肉にある筋紡錘(きんぼうすい)が身体の傾きを敏感にキャッチして、その情報が脳に送られます。その情報を超高速処理して必要な筋肉を動かすことで全体のバランスがとれるのです。最初から筋肉に無駄な力が入っていると、その部分の筋紡錘が身体の傾きを正確に感知できず、正しい情報が脳に届きません。そのため、動きがギクシャクとなってバランスを崩しやすくなるのです。とにかく大切なことは、ゆるんでセンターを通すことです。また、こんな体勢でもボールをコントロールできるのはセンターが球軸化しているからです。

長友選手の貴重な証言「情報量が桁違(けたちが)いかなと思う」

『ロストフの14秒』に凝縮された真実を知らされた長友選手は、こう語りました。「自分が見えている世界だけではなくて、自分が見えていない後ろの世界にもより感覚が研(と)ぎ澄(す)まされているのではないか。いつ、こいつ、この後ろのスペースが見られたんだとか、本当によくあるし。自分が見えている世界だけじゃない。情報量が桁違いかなと思う」

　この証言は、とても貴重だと思います。
　ひと言でいえば、「認知能力の差」です。同じ状況にいても、観えている領域・時間・要素と頭に浮かぶ情報量と、その質に大きな差があるのです。

58

CKが蹴られた段階でイメージできた未来の時間の長さに大きな差

　後半のアディショナルタイムも、ほぼ終了しようかという段階で本田選手がCKを蹴ります。

　この時、日本選手はコロンビア戦の決勝ゴールをイメージとして共有しています。しかし、そのCKが長身GKクルトワ選手にキャッチされた後のことまではイメージできていなかったのではないでしょうか。少なくとも、キャッチしたGKクルトワ選手の真横にいた吉田麻也選手は、ベルギーのカウンター攻撃に対するイメージができていませんでした。

　それに対してMFデブルイネ選手は、CKがコロンビア戦の決勝ゴールをイメージしたものと判断した瞬間、カウンター攻撃を思い描いて走り始めています。と同時にキャッチしたGKクルトワ選手からボールが出てくることまでイメージを膨らませていました。

　日本選手はワンプレーについてのイメージしかできていませんでしたが、ベルギーの選手たちはその先に起こり得るだろう展開までイメージできていたのです。

ベルギーの選手はわずかな時間に思い浮かべる時空間が広く、濃い

　MFデブルイネ選手は、GKクルトワ選手からパスを受ける前に日本の守備の人数を確認します。3人であることを確認すると、前に大きなスペースがあったことから、ドリブルで駆け上がる間に守備を1人減らすことを企てます。対峙した山口選手を罠にはめると、狙い通り5対2と数的有利を拡大したのです。

　まさに長友選手が感心する「情報量が桁違い」というプレーでした。ベルギーの選手たちは、瞬時に思い浮かべるイメージが濃くて豊かなのです。言葉を換えれば、頭の中に展開される時空間が広く、濃いということです。普通なら、広ければ薄く、濃ければ狭くなるはずなのに、です。

　日本選手は、ベルギー選手が頭に描き、そのイメージ通りに実行するプレーの数々になす術がありませんでした。

ルカク選手がスルーした時点で日本の敗戦は決まっていた

　MFデブルイネ選手から、右サイドを駆け上がるムニエ選手にパスが出ます。その瞬間、FWルカク選手は中央を駆け上がりながら周囲の状況を確認します。そして、背後にシャドリ選手の姿を察知すると、ムニエ選手からパスが来れば、スルーすることを決めます。そして、イメージ通りにスルーすると、「自分の周りのすべてがスローモーションになったかのようだった。特別な瞬間だった」というシャドリ選手にゴールを決められました。

　「自分の周りのすべてがスローモーションになったかのようだった」というのは、最近では「ゾーン」と呼ばれる現象です。それほど珍しいことではありません。この状況になれば何をしても「意のまま」、「思いのまま」になりますから、ルカク選手がスルーをした時点で、日本の敗戦は決まっていたということです。

　漫画の『北斗の拳』でいえば、「お前はもう死んでいる」という状態でしょう。

日本サッカー協会の強化担当である山本昌邦氏が語る今後の対策

　さて、NHKの『ロストフの14秒』を見て、日本のサッカー関係者は、これからどんな練習をすればいいとイメージされたのでしょうか。そのイメージの中身に、日本の将来がかかっています。

　日本サッカー協会で強化を担当（技術委員会副委員長）し、NHKで解説者も務めている山本昌邦さんが、大会後、日本経済新聞に『W杯ロシア大会が日本サッカーに残したもの』というタイトルで寄稿されていました。ベルギー戦から学んだ教訓と対策について、同社のウェブ記事から引用させて頂くと、

　「あの失点に対して、本田がショートコーナーを選択して香川真司（ドルトムント）あたりに渡していれば、デブルイネ（マンチェスター・シティー）が引き寄せられて何事もなくすんでいたという意見もあるようだ。一理はあるが、私はあのクルトワのキャッチからスロー、デブルイネの高速ドリブルとボールのさばき、シュートを打たなかったルカク（マンチェスター・ユナイテッド）のスルー、そしてシャドリ（ウェストブロミッジ）のフィニッシュという一連のプレーに、詰めていけばいくほど立ち現れる、ベスト16まで進めるチームと、さらにその先に進めるチームのほんのわずかな差が見えた気がするのだ。本当に僅差ではあるが、埋めるとなると想像を絶する努力が必要な差が」

と分析したうえで、今後の対策についてはこう総括していた。

「その差に絶望することはない。『ここからが遠い』のは確かだが、『ここまでは詰めた』という喜びが今の私は大きい。決勝トーナメントで勝つために必要な究極のレベルが見えてきたような気がするのだ。面白くてわくわくするのは、日本のよさをさらに伸ばし、足りないと思えることを改善していけば、きっとこの壁は乗り越えられると確信を持てたからだ」

また、山本さんは、

「キャッチしてから得点まで10秒もかからないスーパーゴールを成立させたのは間違いなくクルトワだった」

としたうえで、

「この8年間、川島（永嗣）を超えるGKを生み出せなかったことの方がよほど問題だと私個人は思っている。日本のGK育成の問題点を洗い出し、見直すべきは見直す。そこに全力を傾ける方がよほど前向きではないだろうか」

と、GKの育成が急務とも書いていました。

現在のサッカー界では多くの方々が、この山本さんと同じように考えているのではないでしょうか。

サッカー界は経験することで選手が成長するという信仰が強い

もともと、サッカー界には経験を積むことで選手としてレベルアップしていくという発想が染みついています。山本氏もNHKの別の番組で、世界のトップチームでプレーして、世界のトップ選手の中でもまれることでレベルを上げていくことが大事と話していました。

確かに世界のトップレベルで経験を積むことで、サッカー選手としての「パフォーマンス力」は上がるかもしれません。しかし、「パフォーマンス力」が上がるだけでは世界のトップ選手にはなれないのです。

ベルギー戦に足らなかったのは「ゆるみ度」と「球軸」

ここまで読んで頂いた多くの方々は、すでにW杯ロシア大会で日本代表に足りなかったものに気づいておられると思います。W杯ロシア大会で第3位となったベルギーに日本が及ばなかったものとは——。

「ゆるみ度」と「球軸」ですね。

61

センター（軸）でボールや周り、ピッチを見れば、

・ボールがより立体感をもってくっきり見えるようになります。

・同時に周りの人や物も、普通に見た時とは別の世界のようにはっきり見えてきます。

・視野が広がって同時にいろんなものが見えてきます。

・特に動く人や物がくっきり見えてきます。

という特徴がありました。

『ロストフの14秒』で、まさにベルギーの選手たちが実践していた見え方ではないですか。長友選手が「自分が見えていない後ろの世界にもより感覚が研ぎ澄まされているのではないか」、「自分が見えている世界だけじゃない。情報量が桁違いかなと思う」と嘆かざるを得なかった理由ではないでしょうか。

宮本武蔵の国で「SAMURAI BLUE」を名乗る誇り

「観＝ビュー＝森も木も見えている」とは、江戸時代初期に宮本武蔵が到達した境地でした。武蔵は、後世の日本人のために『五輪書』にそれを書き残してくれています。

　それから400年後、この「観＝ビュー＝森も木も見えている」の境地のベルギーにズタズタにされ、なおかつ、「彼らの情報量は桁違いだ」と途方に暮れているのが、現在の日本サッカー界です。

「SAMURAI BLUE」を名乗っているんです。私たちは、宮本武蔵に申し訳ないです。あの宮本武蔵の国の「SAMURAI BLUE」という誇りをかけて、日本サッカー界は直ちに「ゆるみ度」と「球軸」のトレーニングに取り組むべきです。

日本代表がさらに進化するには「ゆるみ度」と「球軸」のトレーニングをすること

　もちろん、日本サッカー界のプロ化から26年かけて、ここまで進化したのは素晴らしいことです。サッカー界に関わるすべての方々のご尽力の賜物です。しかしながら現時点で「SAMURAI BLUE」の現状分析と、新たな方向性については、サッカー界で共有できていないように思えます。だからこそ、宮本武蔵が指し示してくれた「観」の道を科学的な根拠として進むべきだと提案しているのです。

改めて、ここに世界のトップ選手（チーム）へ至るステップを記しておきます。

第一関門はもも裏派になること

「ゆるみ度」の段階でいえば、まず、「もも裏派」になることが第一関門です。

もも前のブレーキ筋を「ゆる体操」でゆるめ、「リアストレッチ」や「リアスクワット」などでもも裏のアクセル筋を刺激します。もも前の硬さにもよりますが、毎日、根気よく続ければ、それほど日数がかからずに、もも裏が筋肉痛になるようになります。また、小学生や中学生には「もも裏派」の選手の方が多いです。むしろ「もも前派」の選手にならないように、トレーニングや身体のケアをすることが大切です。詳しくは、『サッカーゆるトレーニング55』を見てください。

第二関門は「裏転子」の身体意識が高まること

第二関門は、「裏転子」(47ページ参照)の身体意識が高まることです。「裏転子」は、太もも裏側の上半分とお尻の下半分の筋肉にしっかりと意識が通るようになることです。

最近の日本選手には、この段階をクリアできなかったケースが目立ちます。本田圭佑選手、岡崎慎司選手、長谷部誠選手、香川真司選手たちです。「裏転子」がしっかりできていないから、大きなプレッシャーがかかったり、疲れてくると「もも前派」になり、とたんにパフォーマンス力まで落ちてしまいました。

世界のトップ選手は筋肉の使い方も極まっている

特に香川選手は、ハムストリングスの中でも大切な半腱様筋（49ページ参照）がしっかり使えていません。もも裏の筋肉をごちゃごちゃと使ってしまうから、全盛期のメッシ選手のような突破力も、決定力も期待できないのです。ハムストリングスの中でも、「半腱様筋」と「半膜様筋」が使えることが重要です。世界のトップになるには、筋肉の使い方も極まっていかないといけません。

腸腰筋がしっかり使えて全身がゆるゆるにゆるんでセンターが通ってくると第三関門を通過

　ハムストリングスの「半腱様筋」と「半膜様筋」と「大臀筋」にしっかり「裏転子」の身体意識が極まるように通ってくると、拮抗筋である腸腰筋の活動性が高まり、さらに身体全体がゆるゆるにゆるんで、センターが通ってきます。

　これが第三関門です。

　腸腰筋がしっかり使えると、身体のメカニズムによって全身の筋肉がトロトロに柔らかくなるのです。全身の筋肉から無駄な力がゆるゆるに抜けてセンターが立ち上がってこなければ、世界のトップ選手にはなれません。また、このレベルの選手を揃えなければ、日本代表が世界一になることは絶対にありません。

全身の筋肉がトロトロに柔らかくなって初めて、世界のトップ選手と戦える第四関門に

　これは経験した人にしかわからないかもしれませんが、全身の筋肉がトロトロに柔らかくなると、全身の筋肉の意識が薄くなっていき、全身の骨の存在とセンターがくっきりと感じられるようになったりするのです。全盛期のジダン選手やメッシ選手は典型的にこの状態にいました。

　そしてこの状態になると、センターがあらゆるサッカーの要素と結びつき、さまざまな球軸が高水準で通ってきます。

　この状態になって初めて、世界のトップ選手と互角に戦えるのです。

　これが第四関門です。

タックルされても自然に脚が抜けていく

　センターが通って全身の筋肉がトロトロに柔らかくなれば、相手選手ともつれ合っても脚が勝手に抜けていきます。世界のトップ選手は、相手がタックルしてきたり、絡んできても抜けていきます。

　といっても、彼らが特別なテクニックを使っているわけではありません。ゆるゆるにゆるんでセンターが通っているだけです。ゆるんでセンターが通れば、自然に脚が抜けてしまうのです。これが球軸のなかの「スルー軸」です。

CHAPTER 2

センターが通れば、当たりにもしなやかな強さで対抗(たいこう)できる

　センターが通れば、当たりにも強くなります。そもそも、サッカーでいう「当たりに強い」には２種類の強さがあります。一つは、もも前派。腹筋とか、身体の前側や横の筋肉に力を入れて踏ん張るタイプです。言ってみれば、身体の外側の筋肉と根性で頑張(がんば)るタイプで、ほとんどのサッカー選手がこのタイプです。

　身体のコンディションがよくて、気持ちが入っている時は多少強いかもしれませんが、コンディションや気持ちが少しでも落ちてくると、とたんにもろくなります。

　一方、センターが通ると、外側の筋肉をゆるめ、体幹内の深層筋で支えるので、決して踏ん張りません。スピードも落ちず、ボディバランスもよくなります。

ジネディーヌ・ジダン(左)とティエリー・アンリ(右)
2006年ドイツ大会の時のジダン選手とアンリ選手。２人ともセンターがしっかりしていて、天に向かって伸びていくように立っています。立つ姿、歩く姿が美しく、それだけで魅了(みりょう)されるファンも多いはずです。この超リラックス状態をキープしたままプレーできるのが、世界の超一流プレーヤーといえます。

センター（軸）がしっかりしていると、ボディバランスが抜群になります。相手選手と絡み合っても、ジダン選手のバランスは全く崩れていないし、悠々と抜けていけます。世界のトップ選手を育てようと思うなら、ゆるみ度をアップさせると同時にセンター（軸）を強化するトレーニングをするのが"近道"ですね。

　そのため、身体を寄せられたり、体当たりされても、しなやかな強さで対抗できます。見ていればわかるように、世界のトップ選手の強さは、しなやかに相手をぶち倒す強さでしょう。これが球軸のなかの「ブレイク軸」です。

近年では2006年ドイツ大会のジダン選手が最高の選手

　近年では、2006年W杯ドイツ大会のジダン選手が最高の選手だったと、高岡は分析しています。「パフォーマンス力」、「ゆるみ度」、そして「センター＝球軸」ともに最高で、「超一流プレーヤー」の域に到達していました。
　当時の3枚の写真（もう一枚は33ページに掲載(けいさい)しています）を用意しましたが、

66

どれを見ても、身体全体から無駄な力が抜けているのがわかるでしょう。しかも、その姿が美しく、世界中の人々が熱狂するのがよくわかります。

「センター」「軸」とは、何のことなのか

日本のサッカー界でも指導者によっては「センターを意識しろ」とか、「軸がぶれないように」という言い方をする人が現れはじめていると思います。

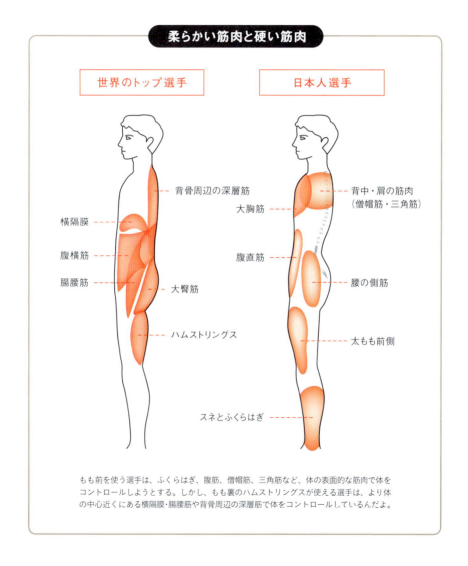

柔らかい筋肉と硬い筋肉

世界のトップ選手：背骨周辺の深層筋、横隔膜、腹横筋、腸腰筋、大臀筋、ハムストリングス

日本人選手：背中・肩の筋肉（僧帽筋・三角筋）、大胸筋、腹直筋、腰の側筋、太もも前側、スネとふくらはぎ

もも前を使う選手は、ふくらはぎ、腹筋、僧帽筋、三角筋など、体の表面的な筋肉で体をコントロールしようとする。しかし、もも裏のハムストリングスが使える選手は、より体の中心近くにある横隔膜・腸腰筋や背骨周辺の深層筋で体をコントロールしているんだよ。

しかし、身体を切ってみても、そんな線は存在しません。ましてや、普通の選手では「センター」とか、「軸」といわれても、「なんだかよくわからない」というのが実情ではないでしょうか。また、「センター」、「軸」という言葉を使う指導者の方々も、あいまいなまま言葉を使っておられるのではないかと思います。

センターとは身体の中心を天地に貫く「意識の線」

高岡は、身体の中心を天地に貫く一本の線を学術的に「センター」と呼んでいます。昔から、欧米では「センター」、日本では「正中線」とか、「体軸」、「中心線」、「重心線」などと呼ばれていました。その歴史を振り返っても、「センターとは何か」を明快に解説した人はいません。

それは、センターが実は「意識の線」だからです。センターが通っている人にも、一本の線が実感できる人もいれば、実感できない人もいます。潜在意識として備わっている場合、自分ではわからなかったり、なんとなくしか実感できないのが普通だからです。

センターの場合、全身の筋肉がゆるゆるにゆるめば、センターが通り、センターが通れば、全身の筋肉がゆるゆるにゆるんでくるという関係にあることも、高岡の研究で明らかになっています。

普通の選手は立ったまま全身の力を抜いたら倒れる

ところで、立った状態で、全身の筋肉から力を抜くと、どうなりますか？

普通の選手は、倒れてしまいます。といえば、「当たり前じゃないか」と思う人がいるかもしれませんが、まあ、そう言わずに、まずは前ページのイラストを見てください。

世界のトップ選手は立ったまま全身の力を抜いても倒れない

普通の選手は、立っている時、全身の前面と側面の表層筋に力を入れています。この前側面的な筋肉を固めて踏ん張ることで、倒れないように身体を支えているのです。そのため、こうした筋肉の力を抜くと踏ん張ることができなくなって倒れてしまいます。これが、サッカー選手でいえば「もも前派」です。

それに対して世界のトップ選手たちは、普段から全身の前側面的な筋肉には力

が入っていません。この状態が「ゆるゆるにゆるんでいる」状態です。最初から無駄な力が入っていないので、立っている状態から全身の前側面的な表層筋の力を抜いても倒れません。

全身の筋肉から力を抜いても立っていられるのはセンターが通っているから

では、世界のトップ選手は、どうやって立っているのかといえば、筋肉についてはもも裏のハムストリングスや腰の中にある腸腰筋、胴体の中の横隔膜（筋）、腹横筋、背骨の周りにある細かな筋肉で身体を支えているのです。普通の選手とは主に使っている筋肉がまるで違っています。

また、世界のトップ選手は地球の中心にしっかり乗って立ち、身体の中心を貫く「センター」で身体を支えています。と同時に、操り人形が頭上に伸びた線で、吊り下げられているような感じでも立っています。（40ページイラスト参照）

こんな身体のメカニズムが働くのは、人間に地球の重力が働いているからです。

地球上のすべての人間に「重力」は働いている

「重力」とは、ご存じの通り、地球の中心に向かって引っ張る力です。

人間も、サッカーボールも、宇宙空間に行けば、ふわふわ浮かびます。地球で暮らす人間は、地球の中心に向かって引っ張る力が働いているからこそ、いまのような生活をして、サッカーも楽しむことができます。

地球上の運動はすべて重力に逆らったり、重力を利用したりしている

とはいえ、「私はいつも重力を感じている」という人は少ないはずです。自分の身体に重力がかかっているという実感のないまま、歩いたり、走ったりしています。また、何かにつまずいて倒れそうになった時には、倒れないようにバランスを取ろうとします。

そう考えれば、私たちが当たり前にしている「立つ」ということも、歩くという運動も、すべて無意識（潜在的）に重力を感じながら行っていることになります。サッカーでキックしたり、ドリブルしたり、シュートする時も重力に逆らったり、重力を利用したりして行っていることになります。

69

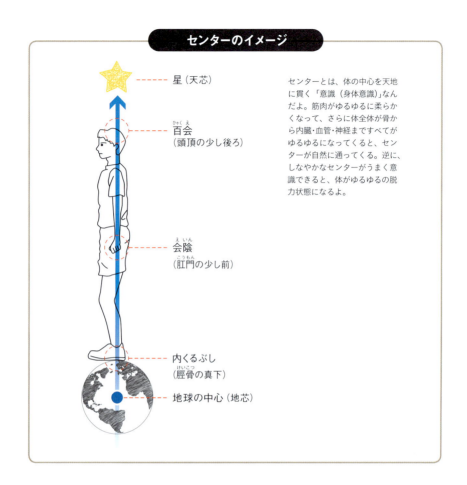

センターは地球の中心と自分の身体の中心を結んだ一本の線

　重力は、地球の中心（高岡は「地芯」と呼んでいます）に向かって働いています。地球に働く重力は、「重力線」と呼ばれる一本の線で表されます。物理学でいえば、「センター」とは、誰の身体にも通っている「重力線」を潜在意識として身体の中心に同化形成した（同じ形につくり直した）ものです。

　また、地球の中心と、人間の身体の重心をつないだものが「センター」ともいえます。世界のトップ選手たちは、特別なトレーニングをしなくても、地下6000キロメートルにある地球の中心を無意識に感じ取っているということができます。

人間が進化によって獲得したのは「もも前派」か、「もも裏派」か

　そもそも、重力は地球の誕生から現在まで46億年にわたって地球に働き続けています。そして、いまから約38億年前に生命が誕生して現在の人間に進化してきました。その間も重力は地球のすべてのものに働き続けてきたわけで、人間の身体も重力の大きな影響を受けながら造られてきました。

　そんな人間の身体は、「もも前派」のように重力に対して前側面的な表層筋で頑張り、肩こりや腰痛になったり、疲れやすい身体としてプログラミングされてきたのか。それとも「センター」で身体を支え、できるだけ無駄な筋肉を使わずに合理的に動けるようにプログラミングされてきたのか、ということです。

人間が進化によって獲得したのは「もも裏派」としての身体の使い方

　当然ながら、人間の身体というのは、できるだけ前側面的な表層筋に頼らず、快適にいろんなことができるようにプログラミングされてきたのです。そして、そのプログラミングに沿った身体の使い方でプレーするからこそ、世界のトップ選手は世界中の人たちから「天才」と呼ばれるのです。

　その一方で、身体の前側面的な表層筋に無駄な力が入ると、センターも曲がったり、折れたり、消えたりします。もも前や、腹筋、腰回り、背中、首などに無駄な力が入ると、センターが必ず通りにくくなるのです。

　センターが通らないと、ボディバランスが悪くなります。空中で競り合っても、１対１で当たっても、世界中のサッカーファンを魅了するようなプレーはできなくなるということです。

　歴史に名を残すような超一流サッカー選手ともなれば、身体の使い方も、宇宙や地球規模の現象と深く結びついているのです。

指導者やスタッフもセンター（軸）を身につけよう

　世界にこんなことまで考えている国も、選手もいないと思います。世界の強豪国だったり、世界のトップ選手を次々と輩出する国は、考えなくてもいいのです。しかし、これから世界のベスト８に割って入っていこうとする日本では、選手は

71

もちろん指導者やスタッフまで理解しておくことが必要です。

　さらに監督や指導者やスタッフの側もセンターを身につけ、それを日々のトレーニングや実戦に結びつけていってほしいです。「ビュー軸」（90ページ参照）が身につけば、選手やチーム、そして世の中や自分自身の見え方や認知、判断が変わり、行動や習慣も変わっていきます。行動や習慣が変われば、日々のトレーニングも一本筋の通った実のあるものへと自然に変わっていくはずです。

　指導者やスタッフ全体のレベルが上がらなければ、日本のサッカー界全体のレベルも上がっていきません。日本のサッカー界全体のレベルがもっと上がらなければ、「SAMURAI BLUE」のレベルも上がっていきません。

世界のサッカー界で下剋上を起こす大チャンス

　現在のサッカー界は欧州の強豪リーグを中心にグローバル化が進み、各国の特徴や持ち味が薄れています。さらに戦術やシステムなどに意識をとられ、選手個々のセンターや球軸も全体的に薄っぺらなものになりつつあります。若い頃に将来性を感じても、その後うまく育っていません。

　まさに、日の出の勢いの日本にとってはチャンスです。これから10年が、世界のサッカー界で下剋上を起こす最大のチャンスだと見ています。

ロナウド選手、メッシ選手、ネイマール選手は衰える一方

　世界のサッカー界も、４、５年前までは世界のトップ選手といえば、メッシ選手、クリスティアーノ・ロナウド選手、ネイマール選手と３人の名前がパッと上がりました。しかし、３人とも、最近「ゆるみ度」が下がって硬くなり、プレーの精彩も失いつつあります。プレーを見ていて「お気の毒に」と思うことの方が多いです。

　むしろ、ムバッペ選手（フランス）やガブリエル・ジェズス選手（ブラジル）、サウール・ニゲス選手（スペイン）、ウスマン・デンベレ選手（フランス）、ベルギーのルカク選手やデブルイネ選手らの若手選手を見ている方が楽しいのではないでしょうか。

　しかし、彼らも世界のトップ選手の基準でいえば、まだまだ発展途上です。

　高岡は、将来性豊かな彼らに、世界の真のトップ選手になるためのトレーニングを教えてあげたいぐらいです。

クリスティアーノ・ロナウド
日本各地で多くのサッカー選手が練習するヘディングのお手本のようなロナウド選手。センターが通っているから空中姿勢が美しく、球軸でボールや周りを見て、球軸でヘディングをするから狙いをすませて威力あるシュートを撃つことができます。また、球軸でジャンプするので天から引き上げられるかのように身体が上昇します。ロナウド選手は球軸でボールや周りを見て、球軸で動くことができるのでドリブルしても、パスを出しても足とボールが糸でつながっているようなプレーができます。

キリアン・ムバッペ
半端ないスピードと運動能力の高さによって子どもの頃から「神童」と賞賛されていたムバッペ選手。20歳になった現在も、質のよい筋肉とサッカーセンスに恵まれ、「100万人に一人の逸材」と注目を集めています。しかし、身体面でいえば、まず股関節の前側に入る緊張が気になります。今のうちに股関節まわりやもも前の筋肉をもっとゆるめておかないと、今後ももも前のブレーキ筋が発達しかねません。すぐに全身をゆるめ、股関節をキレッキレに変えるとともに、第3章以降で紹介する球軸のトレーニングに取り組んでほしいです。

主な日本代表のセンターと身体的な弱点を大公開

　日本人では、中田英寿選手がペルージャ時代にはこの球軸がかなり使え、世界のトップ選手の領域に入っていました。実際に、当時はセリエAでも存在感を発揮して、日本からも多くのファンが中田選手を応援にでかけました。それだけ日本サッカー選手として特別なレベルに達していたということです。

　中田選手のようなお手本もありますので、恐れることなく、日本のすべてのサッカー選手がこの球軸トレーニングに取り組んでほしいと願っています。

CHAPTER 2

まずは世界のトップ選手のセンターから

　参考のため、世界のトップ選手と日本代表の主な選手のセンターが、どんな状態か紹介しておきます。まずは世界のトップ選手らしいセンターが通っているブスケツ選手です。ブスケツ選手はFCバルセロナとスペイン代表の両方で攻守の要とされるMFです。

　センターがしっかり通っています（右図）。しかも、背骨の直前にスパッと正しく通っています。

　この美しさが世界のトップ選手です。これぐらいセンターがしっかり通っていると、センターでボールや選手、ピッチを見ることができ、「球軸」もしっかりできています。FCバルセロナやスペイン代表で、攻撃の起点となるパスの供給や、守備

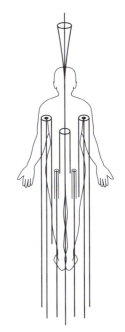

［ブスケツ選手のセンター］

セルヒオ・ブスケツ・ブルゴス（写真 左）
こんなにのびのびと身体が使えてバランス感覚がいいのは、全身がゆるゆるにゆるんでいてセンターが通っているからです。また、ブスケツ選手の最大の長所である予測能力が高いのも「ビュー軸」でボールや選手、ピッチ全体を見ているから。普通の選手よりかなり早い段階で周囲の動きを把握し、さらに周囲の動きを「ビュー軸」で追いながら移動できるからです。広い範囲の動きをしっかり把握し続けることができるから的確なポジショニングをとれるのです。

75

でのカバーリングやサポートが高く評価されるのは「ビュー軸」でピッチ全体を見ているからです。次の展開を予測したポジショニングが優れているのも、「ビュー軸」によって早い段階で敵と味方の動きを察知、次の展開を読みながらスムーズに動けるからです。

　また、センターが通った選手は、センターでボールを扱(あつか)おうとする意識も高いです。そのため、常に身体の近くでボールをキープしようとします。ボールが尻下か、その近くにあり、足のくるぶしや身体の中心にボールが吸い寄せられるようにボールを扱います。

　ドリブルをしても、基本的にはボールが身体から離(はな)れず、むしろ足に吸い寄せられるかのようです。

　尻下でボールをキープできれば、相手はなかなかボールを取りにいけません。ボールを取りに行っても身体をぶつけ、ファールになる可能性が高いです。

　トラップも、世界のトップ選手はゆるんでセンターのある身体に吸い寄せられ

アンドレス・イニエスタ
W杯南アフリカ大会の決勝で優勝を決めるゴールを決めた時の写真です。脚がまるでお腹のあたりから分かれているかのようにのびのびと使え、アクセル筋もしっかり使えた「もも裏キック」ができています。大舞台の緊迫した場面でものびのびとしたプレーができるのは、全身がゆるゆるにゆるんでセンターがしっかり通っているからです。また、このシュートを撃つ前には速いパスに対して右足でトラップをし、ボールを絶妙の位置に落としました。ゴール前で冷静にボールコントロールができたのも、二重、三重にセンターが通っていてどんな場面でも落ち着いてプレーできたからです。

76

るようにボールを止め、次のプレーを考えて絶妙な位置にボールを落とすことができます。

スペイン優勝当時のイニエスタ選手の見事なセンター

次にイニエスタ選手です。2018年7月からヴィッセル神戸でプレーしていますが、紹介するセンターは2010年のW杯南アフリカ大会でスペイン代表が優勝した当時のものです。

センターというのは「身体に形成される意識のライン（身体意識と呼びます）」ですので、当然ながら時期によって違っています。W杯南アフリカ大会のイニエスタ選手は、巧みなパスワークで相手の固い守備を崩していくスペインの中心選手でした。決勝のオランダ戦では、延長後半11分に決勝ゴールを決め、マン・オブ・ザ・マッチにも選ばれました。

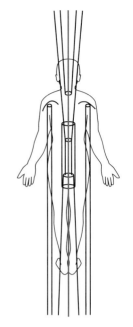

［イニエスタ選手のセンター］

その当時のイニエスタ選手のセンターを調べると、背骨の前にセンターがきっちり通っています。そして、そのセンターの周りに漏斗状のセンターが二重、三重に重なり合いながら通っています。センターがかなり強力です。

センターが通っているからスッ、スッと身軽に動ける

試合中のイニエスタ選手は身軽で、スッ、スッ、スッと動いていますよね。細かなステップや切り返しなどもたくさん入れますが、動きがとても軽やかで速いです。また、身体も170センチと小柄なのに、大きな選手とぶつかってもなかなか倒れません。

あの動きを見ると、さぞ運動能力が高い選手なんだろうと思われるかもしれませんが、実際はそうではありません。FCバルセロナに見いだされた12歳の頃から、特別に足が速いわけでも、運動能力が他の子どもたちと比べて優れているわけでもなかったそうです。確かにスペイン代表の時も、筋肉のバネや強さといった身体資源に恵まれた選手という印象はなかったですね。

人間の身体というのは、すごく単純にいえば水風船みたいなものです。完全に身体の力を抜くと倒れてしまいます。だから、ほとんどの人はあちこちの表面的な筋肉に力を入れて、倒れないように踏ん張ろうとします。

　ところが、このイニエスタ選手のように身体の中心を天地に貫く強くて太いセンター（大径軸）が通っていれば、踏ん張らなくても倒れません。また、表面的な筋肉に無駄な力が入らないので、絡まれてもスムーズに抜けています。「ブレイク軸」と「スルー軸」の両方があるということです。

　つまり、身体的に特別恵まれなくても、センターが通ってアクセル筋がしっかり使え、身体がコンパクトに使えるとイニエスタ選手のようなプレーができるということです。

小柄で身体的にも恵まれなかったイニエスタ選手は日本のサッカー選手のお手本

　また、南アフリカ大会の時のセンターを見ると、身体の周りにいくつものセンター（サテライトセンターと呼びます）があります。身体の中心を通る中心軸だ

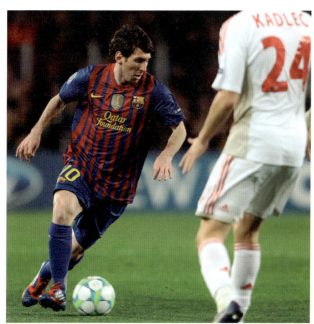

リオネル・メッシ
2012年3月、チャンピオンズリーグ史上初となる1試合5得点をあげたレバークーゼン戦の写真です。試合を通して動きがキレキレで「サッカーの神」と呼ばれました。これだけ身体が倒れてもバランスが崩れていないばかりか、その姿が美しいですね。サッカー指導者なら「軸がしっかりしているから」と解説する人もおられるでしょうが、サッカーに関係するすべての人が、その軸というのが実は意識のラインで、球軸トレーニングに取り組むことで身につけることができることも理解してほしいです。

けでなく、身体の周りにもいくつものセンターがあってボールや周りの選手たちや監督たちスタッフ、そしてピッチ全体を「ビュー軸」で見ていたのですね。それぐらい周りに意識を配り、あらゆる動きや変化を察知しようとしていたんですね。

こういう「球軸」が発達していたからこそ、流れるようなパスワークで世界のサッカーファンを魅了した2010年スペイン代表でも、中心選手として活躍できたということです。

小柄で、かつ身体的にもそれほど恵まれなかった選手が世界のトップ選手になれたというのは、日本のサッカー選手にとってはお手本のような存在ですね。イニエスタ選手のような世界のトップ選手になりたければ、イニエスタ選手を支えていたセンターを身につけるトレーニングをすることが一番の近道です。

メッシ選手の全盛時のセンターは、さすがにスケールがでかい

全盛期のメッシ選手も、センターはすごかったです。右に示したセンター図は、3年連続でFIFAバロンドール男性部門の最優秀選手賞を受賞した2012年初めの頃のものです。

背骨の前にセンターがしっかり通っています。そして、その周りを太いセンターや漏斗状のセンターが囲んでいます。全体的に、イニエスタ選手よりもスケールが大きいです。

メッシ選手の特徴は、漏斗型のセンターで上半身も、下半身も支えられていることです。あらゆる意味で自分を支えてくれるセンターがこれだけ発達していると、メンタル的にはどんなことが起きても、物怖じも、不安も、緊張もしない、全くへっちゃらという気持ちになれます。

小柄でも大きな選手に当たり負けしないのはセンターのスケールが大きいから

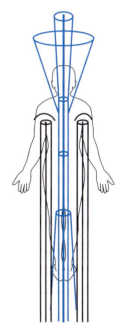

[メッシ選手のセンター]

また、身体的にも崩れにくいです。168センチと小柄でも当たりに強く、なかなか崩れないのは、全身がゆるゆるにゆるんでセンターが発達しているからです。

全身の筋肉にある筋紡錘が身体の傾きを感知して、その情報を脳に送ります。全身から送られてきた情報は大脳基底核と小脳で超高速処理され、全身に対応方法が指示されます。これを繰り返すことによって身体のバランスが保たれます。

しかし、身体に無駄な力が入ると、筋紡錘が正確な身体の傾きを感知できません。正確な情報が脳に伝わらず、正確な対応方法がわからないまま倒れてしまいます。サッカーで当たりに強いかどうかの裏には、こういうメカニズムが働いています。センターのスケールが大きく、全身がゆるんでいるほど「ブレイク軸」も「スルー軸」も強くなり、倒れにくくなります。

メッシ選手も身体の周りにも、いくつものセンターが形成されています。そのセンターでボールや周囲、ピッチ全体を見て捉えるという身体意識が強く働いています。相手選手に囲まれても倒れず、密集地帯の中からも抜け出てこられるのは、「ブレイク軸」「スルー軸」の強さに加えて、周囲を「ビュー軸」で見ることで的確に対応できるからです。

球軸が育つと、自分の才能や個性をより一層発揮することができる

メッシ選手は、サッカーボールを与えられた4歳の時、すぐに大人を驚かせるボール扱いをしたそうです。それゆえ「天才」と呼ばれますが、日本のサッカー選手にも子どもの頃に「天才」と呼ばれた選手は少なくありません。しかし、そんな選手たちも成長の過程でせっかくの才能を失いました。

選手それぞれの才能はさまざまでしょうが、全選手に共通するのは、まず、全身がゆるゆるにゆるんでいることと、センターをしっかり通すことが大切ということです。サッカー指導者や仲間から「あいつはすごい」とか、「半端ない」といわれたことのある選手は特に、その才能を大きく育てるためにも、球軸トレーニングをすることが大切です。球軸が育てば、その選手の才能や個性をより強く輝かせることができます。

日本代表のセンターには課題が多い

一方、ここで紹介する日本代表の選手たちはセンターがそれなりに通っており、リラックスして試合に入れれば、センターでボールや選手、ピッチを見ることができるレベルです。しかし、世界のトップクラスと比べると、センターが弱いのです。そのため、メンタルやコンディションによってパフォーマンスに差が出ま

す。彼らが取り組むべきは、まず、センターを強化するトレーニングです。

大迫勇也選手

　大迫選手は、なかなか強い軸が通っており、ここ数年の進歩を見れば、よく努力しているのがわかります。しかし、まだセンターが切れ切れで、世界のトップ選手のようにスパーンと美しいセンターは通っていません。そのため、「観」でプレーできる時間もあれば、「見」でプレーしてしまう時間もあります。また、右サイドはよく見えても、左サイドが見えにくいという時間帯もあるはずです。

　また、腰の高さに40センチくらいの強い軸が通っているのが大迫選手の特色

大迫選手は、この写真でもコンパニ選手に肩を押さえられながらも、バランスが大きくは崩れてないですね。強いです。特に強い軸の意識がある腰のあたりはしっかりしています。W杯ブラジル大会の頃に比べると、素晴らしい選手に成長しました。しかし、まだセンターが完全には通っていないので、脱力感が足りないですね。センターがよりしっかりしているコンパニ選手の方が、大相撲の用語でいえば「体が生きている」のも、この写真からよくわかります。サッカーの試合は、実は選手のセンターとセンターの戦いでもあるのです。

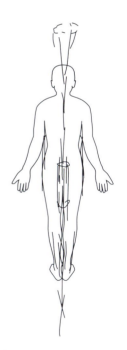

［大迫勇也選手のセンター］

です。ポストプレーの際、競り合いにそれなりに強いのは、この腰にあるセンターで身体を支えられるからです。また、腰にあるセンターで動けるので、競り合いやボールをおさめる時など、ふっと上半身の力を抜くのも上手です。

太ももの前は、以前に比べたらスッキリしましたが、まだもも前の外側に硬さが残っています。さらに、股関節の前側に長さ約20センチの硬い帯状の部分があります。その部分をよくほぐしながらセンター強化に取り組むと、さらにレベルアップできます。トレーニングを根気よく続ける才能もありそうなので、これからも続けてほしいです。

南野拓実選手

南野選手は太いセンターが通っています。細身の割にセンターが太いので、フィジカル的にも、メンタル的にも崩れにくい選手です。

しかし、世界のトップ選手と比べるとまだセンターが弱く、美しいセンターは通り切っていません。

弱点は、股関節の中心（高岡は「転子」と呼んでいます）が潜在的にしっかり形成されていないところです。原因は、股関節の中心から1.5センチ外側に固まっ

股関節周辺がよくゆるんでいると、写真のようなプレーでも左足がもっとダランと垂れ、ボールの中心を捉えてコントロールできます。現在は股関節の中心より外側の部分が縮むため、無駄な力が入りやすいです。また、もも前にも緊張があるため、裏転子が利いていません。そのため上体のバランスが微妙に崩れかけています。身体の硬くなった部分をしっかり取り除いていかないと、急速に衰えていく危険性があります。

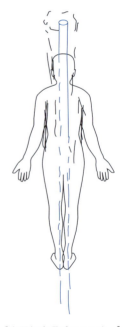

［南野拓実選手のセンター］

ているところがあることです。

また、ももの外側はスッキリしているものの、太もも前側の股関節に近い約20センチの範囲(はんい)にも、もやっとした緊張があります。

股関節やもも前をしっかりゆるめて、股関節をきっちりトレーニングすることです。そうすると、センターがもっとしっかり通ってきますよ。

左右の脇に差があります。左側はそこそこゆるんでいるけど、右側はもう一つです。脇をしょっちゅうこすったり、ゆる体操をして左右の脇をゆるゆるにすれば、キックの精度がもっと上がります。

久保建英選手(くぼたけふさ)

久保選手は、粗削(あらけず)りですけれど、日本選手の中ではセンターがよく目立っています。飛び級で上のカテゴリーの代表に呼ばれるのもわかります。センターが目立つ分、サッカー関係者も才能を感じているんですね。

しかし、まだセンターは切れ切れです。これからはセンターをまとめて、きれいなラインにすることが大切です。センター強化のトレーニングを暇(ひま)さえあればすることです。

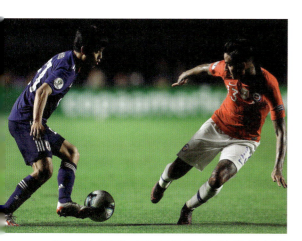

太ももの裏(裏転子)がまだ開発されていないことがよくわかる写真です。接地する右のもも裏でも、外側の筋肉を主に使っています。そのため、ボールに身体が寄せ切れていません。世界のトップ選手ならもっとボールの近くに右足を接地することで、左足からも無駄な力が抜けます。もも裏の筋肉を正しく使うことで、左足の力も抜け、まるでボールが足に吸い寄せられるようなタッチができるのです。久保選手のそういうドリブルを見てみたいです。

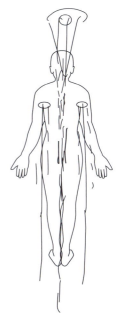

[久保建英選手のセンター]

股関節の中心（転子）も潜在的にしっかり捉えられています。つまり、股関節の周りもよくゆるんでいますが、太ももの裏側（裏転子）がまだ開発されていません。逆に、太もも裏の外側の筋肉を使おうしています。そのため、もっとボールに足が寄らなければいけないのに、寄り切れないシーンが目立ちます。わかりやすくいえば、世界のトップ選手はもっと尻下でボールを扱うのですが、久保選手はボールが尻下から離れようとしています。

コパアメリカで何度かドリブル突破を仕掛けましたが、もも裏の外側の筋肉が働くので身体がボールに寄っていきませんね。試合の中継ではスロー再生されていましたので興味のある人は確認してください。球軸もまだまだ物足りません。「ドリブル突破で存在感」という見出しの記事がありましたが、あの程度のドリブルで久保選手を誉めてはいけません。無限の才能を秘めているのですから、世界のトップ選手に育ってほしいと願うなら正しく評価してあげたいですね。

このままでは太ももの裏側について、どんどん外側の筋肉を使うようになります。そうすると、アジアレベルでは何とかなるかもしれないけれど、世界のトップ選手からは離れていきます。世界のトップ選手は、太もも裏についてはもっと内側の筋肉を使うからです。

股関節から太ももの前後をゆる体操でゆるゆるにゆるめ、太もも裏の筋肉の使い方を極めていくことです。そして、センター強化のトレーニングを積めば、世界のトップ選手になる素質は十分にあります。

柴崎 岳選手

センターは割合ときれいに通っています。特に下半身の軸がしっかりしていて、こういう人はメンタル的にも、フィジカル面でも安定志向というか、落ち着いてきっちりとしたプレーができます。

課題は上半身のセンターをきっちりと通すことです。センター強化トレーニングを行うと同時に、ふだんから脇や胸、腹をさすったり、叩いたりして、ゆるんでセンターの意識を強くしたいです。

また、股関節の中心の意識（転子）が、本来の股関節の中心より少し前内側にできています。世界のトップ選手になろうと思うなら、股関節の中心を潜在的にも正確にとらえたいですね。股関節トレーニングも毎日する必要があります。

CHAPTER 2

股関節の中心の意識が、実際の中心より前内側にあります。そのため、この写真のように股関節の前内側を軸に膝が外に向く傾向がうまれます。緊張したり、疲れたりするとパスの精度が落ちやすくなります。また、上半身の、特に脇や胸をもっと柔らかくしたいです。緊張したり、疲れたりするとバランスを崩す原因になりやすいです。

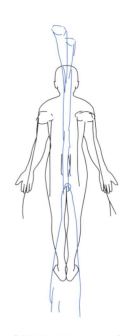

[柴崎岳選手のセンター]

堂安 律選手（どうあん りつ）

　センターは太く、スケールも大きいタイプです。

　どんな大舞台でも落ち着いてプレーできて、当たりにも強い選手になる素質があります。しかし、まだセンターがスパーッときれいに通っていません。

　そのため、正確無比なプレーという点では、判断力も、ポジショニングも、ボールさばきや得意なドリブルも、まだまだ物足りません。日本代表としてアジアレベルではなんとかなっているけれど、世界の強豪国にはまだまだ通用しないでしょう。

　次の第3章の最初に紹介している「EC（環境軸法）」を徹底的、正確無比にしてほしいです。とにかく全身をゆるめほぐし、しっかりしたセンターを正確に通すことです。いろんな才能に恵まれているので、ゆるんでセンターさえ正確に通れば、すべてが好転して世界のトップ選手になれますよ。

堂安選手は、分野を問わず若手有望株の代表のような選手です。もも前もスッキリしているように、身体のどこかに無駄な力が入っていたり、ややこしい癖もなく、大きな可能性を秘めています。これからセンターをしっかり通すトレーニングをすれば、世界のトップ選手になれる逸材です。

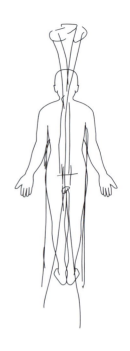

[堂安律選手のセンター]

中島翔哉選手

　センターはできつつあるものの、切れ切れです。そのセンターの状態がプレーにも反映され、いい時と悪い時がはっきりしていたり、よいプレーが続かなかったりします。

　全身をゆるませると同時に、センターをしっかり通すトレーニングを早急に始めてほしいです。センターをしっかり通すトレーニングとは、この後で紹介する「EC（環境軸法）」や「壁角通球軸法」です。

CHAPTER 2

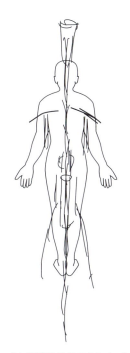

最近のプレーを見ると、一時期より重心が下がっています。この写真でも「もも前走り」になりかけています。もも裏が使えていれば、接地する右脚の上に体幹が乗ってこないといけません。このまま「もも前派」になれば、せっかくのスピードが生かせなくなります。センタートレーニングに加えて、早急に脚全体をゆるませ、もも裏を開発するトレーニングに取り組む必要があります。

［中島翔哉選手のセンター］

　こうして日本代表選手のセンターを見ると、日本代表クラスでも、現時点でセンターをしっかり通すトレーニングが必要だということがよくわかると思います。
　すべてのサッカー選手が、いま、自分が取り組むべきトレーニングは何かをよく考えて、根気よく「世界のトップ選手をめざすトレーニング」に取り組んでもらいたいです。

世界の天才サッカー選手を打倒するためのトレーニング

　世界の真のトップ選手になりたいなら、このセンターを完璧に通し、サッカーのプレーの中でも使えるように完全に球軸化することが必要です。それでは、いよいよ世界のトップ選手になるためのトレーニングを【第3章】以降で紹介していきます。

第3章 軸トレーニング

世界のトップ選手になりたい人、10年以内に日本代表として世界一になりたい人は、そこまでの道のりを正しく理解して、思い切り楽しく、夢中になってトレーニングをしてほしいです。

世界のトップ選手になるには次の3つがすべて必要です。

①「パフォーマンス力」を上げること

「パフォーマンス力」とは、キックやトラップ、ヘディングといったサッカーの技術、1対1の強さ、決定力、戦術理解力など、ふだんからサッカー界で評価されている「プレーのレベル」のことです。一般に、サッカーの練習ではパスやドリブル、戦術など「パフォーマンス力」の向上をめざすものが多いですね。サッカー選手として成長しようと思うなら、パフォーマンス力の向上が欠かせません。

②全身がゆるゆるにゆるんで、センターが通ること

ゆるみとセンターの関係は、「全身がゆるゆるにゆるめば、センターが通る」。または「センターが通れば、全身がゆるゆるにゆるむ」という関係にあります。そのため、両方のトレーニングを並行して進めていくことが必要です。

全身をゆるゆるにゆるめるトレーニングは、『日本人が世界一になるためのサッカーゆるトレーニング55』（KADOKAWA刊）を参考にしてください。

第3章では、センターを通すためのトレーニングを紹介

第3章ではセンターを通すためのトレーニングを紹介します。

センターは、第2章で解説したように「意識のライン（身体意識）」です。昔から日本の武道・武術をはじめ、スポーツや音楽などの分野でも「正中線」や「軸」、「体軸」などと呼ばれ、よくわからないものだけれど、とても大切なものと考えられてきました。

そのため、「センター」と聞いてよくわからなくても、気にしないことです。トレーニングの指示にしっかり従い、あとは大きな夢に向かって、トレーニングに励むことをお勧めします。

小さい子どもほど「ゆるトレーニング」や「センタートレーニング」は有利

　一般に小さい子どもほど筋肉が柔らかいです。もちろん個人差はありますが、動きや姿勢に癖（くせ）が少ない分、筋肉も子どもの頃（ころ）の柔らかさをまだ保っています。たいていの人は、成長とともに筋肉が硬（かた）くなっていきます。

　ということは、全身をゆるゆるにしたり、センターを通すトレーニングは、小さいうちから始める方が有利だといえます。その子の興味に応じて楽しみながらトレーニングをしてほしいです。

③センターを「球軸」として使えるようにすること

　センターが通れば、次にそのセンターをサッカー選手用に「球軸」として使えるようにします。サッカー選手として世界のトップレベルの領域に入っていこうと思うなら、センターを球軸として使うためのトレーニングが欠かせません。

　この第3章では、センターを通すトレーニングに加え、球軸トレーニングも紹介していきます。

「ビュー軸」はセンターでボールや周りの選手、ピッチを見ること

　球軸には、「ビュー軸」と「モーター軸」と「リード軸」があります。
　「ビュー軸」とは、本書の冒頭（ぼうとう）で体験してもらったように、センター（軸）でボールや周りの選手、ピッチ全体などを見るという時の、センター（軸）のことです。
　イニエスタ選手やメッシ選手は、すでに身体（からだ）の周囲にいくつもビュー軸が立っていますが、皆さんは、まずは中心軸でボールを見るトレーニングをしましょう。

ビュー軸の通しかた

❶
まずは仲間の顔とボールを交互に見る。それを何度か繰り返す。次にそれらの間の空間を見る。そして再度仲間の顔とボールを見る。

❷
その感覚を覚えておき、EC（環境軸法）を行う（94ページ参照）。周りの環境の中にある垂直なラインを、伸ばした手で5〜6回なぞる。

 伸ばした手を引き寄せ、垂直なラインがあたかも背骨のすぐ前を取っているかのように写し取る。ラインは美しいシルバー色。

 背骨の前の美しいシルバー色のラインを上下に5～6回なぞったら反対の手でも同じ動きを行う。両手を使ってもよい。

 背骨の前の美しいシルバー色のセンターをこすり続けながら、ふたたび仲間の顔とボール、その間の空間を交互に見る。

  今度は間の空間を見ながら仲間の顔とボールの両方をいっぺんに見る。さらに仲間に動いてもらう。先ほどと見え方の違いを味わう。

「モーター軸」は、モーターのように脚や手を動かすための軸

「モーター軸」は、脚や手を動かす軸のことです。

　サッカー選手は、脚や手をセンター（軸）で動かすという意識をもつことが大切です。言い換えれば、軸が細長い高出力のモーターになったようなつもりで脚や手を動かします。

　と聞いても、よくわからない人は次のことを試してみてください。
- 軸で脚を動かすつもりで、ゆっくり歩いてみましょう。
 （足踏みでもいいです）
- 軸で脚を動かすつもりで、小走りしてみましょう。
- 軸で脚を動かすことがわかってきたら、蹴り足を軸で動かしてみましょう。
- それがわかってきたら、蹴り足を軸で動かしてボールを蹴っていきます。

「球軸でプレーする」とは、軸でボールや周りを見て、軸で身体を動かすことです。

モーター軸の通しかた

① まずはその場歩きを行う。軸が細い縦長のモーターになったかのように軸で腕と脚を動かす。軸がモーターでない時の動きと比べてみる。

② 次に力強くテンポアップして行う。軸と手足や地面が連動するのを感じる。モーター軸を利かせた状態でボールまで寄っていく。

③ モーター軸を利かせてボールを蹴る。その場歩きから実際に歩いてボールを蹴り、蹴った後までの一連の動きと軸の連動を感じる。

④ インステップキックの後は、インサイドキックも行う。慣れてきたらモーター軸を利かせたドリブルにもチャレンジしてみよう。

「リード軸」はセンターに自分が自由自在に高速で気持ちよく運ばれ、連れ回されるための軸

　センターは物ではなく意識なので、いくらでも高速でピッチ上を自由自在に動き回ることができます。メッシ選手やC・ロナウド選手などが絶好調の時は、自分の身体で動き回っているのではなく、自由自在に高速で動き回るセンターに身体の方が勝手に連れ回されるように動いているのです。センターに運ばれ連れられて動くと、身体の無駄な力が抜け、想像を超えた動きが次々に起ってきます。それもとても気持ちよく、です。まずは「軸に気持ちよく連れられて歩く、軽くジョグする」から始めてください。

球軸トレーニングの基本は自分のセンターでボールの中心を串刺しにすること

「球軸」トレーニングの基本は、自分のセンターでボールの中心を串刺しにするようなイメージです。

こう考えると自分のセンター（球軸）でボールをコントロールするという意識が高まります。世界のトップ選手は自分の尻下でボールをキープしますが、それは球軸の近くでボールを扱おうとする意識が高まるからです。また、球軸でボールを扱う意識が高まると、身体をコンパクトに使えるようになってプレーの質が上がっていきます。

トラップする時も球軸でボールを受けるようになり、世界のトップ選手のように吸い込むようなトラップや、次の展開を考えてボールを絶妙な位置に落とせるようになります。

ヘディングも球軸でできるようになれば、空中での競り合いにも強くなり、身体やボールをコントロールする能力も上がっていきます。

ピッチの状況も早め早めにキャッチできるため、試合展開を読む能力が上がります。攻撃の展開力はもちろん、守備のカバーリングやサポートの能力も上がっていきます。

では、世界のトップ選手を夢みて、球軸トレーニングを始めましょう。

| TRAINING | 01 | エンバイロメンタルセンター（Eセンター）|

EC（環境軸法(かんきょうじくほう)）

周りの環境の中にあるまっすぐ垂直に伸びたラインを自分の身体の中に写し取ることでセンターを形成する、球軸トレーニングの超基本メソッド。

①

周りの環境の中にある垂直なラインを見つめて、そのラインを「なんてまっすぐなんだろう」と感動をもってつぶやきながら、伸ばした右手で5〜6回なぞる。

> センター（軸）は必ず美しいシルバー色のイメージでスパーッと通すこと！
> （13、90ページ参照）

CHAPTER 3

右手を引き寄せ、その垂直なラインがあたかも「美しいシルバー色」であるかのようにイメージし、背骨のすぐ前を通っているかのように写し取る。

「スパー、美しいシルバーのセンター、美しいシルバーのセンター」と言いながら、背骨の前のラインを5〜6回なぞる。左手でも同様に行う。

「美しいシルバーのセンター」は何度でもたくさんつぶやいた方がよい。「スパー」はたくさんつぶやくと体や動きやメンタルが固くなるので、2〜3回に止める。もし固くなったらセンター周りをゆるゆるに揺動させ、ゆるめること。

TRAINING 02 エンバイロメンタルボールセンター（EBセンター）

EBC（環境球軸法）

ボールを両足にはさんだ状態で環境の中にあるまっすぐ垂直に伸びたラインを
自分の身体の中に写し取る、球軸トレーニングの基本メソッド。

1 ボールを両足で優しくはさんで立つ。

2 環境の中にある垂直なラインを見つめて、そのラインを「なんてまっすぐなんだろう」と感動をもってつぶやきながら、伸ばした右手で5〜6回なぞる。

センター（軸）は必ず美しいシルバー色のイメージでスパーッと通すこと！
（13、90ページ参照）

CHAPTER 3

3

右手を引き寄せ、その垂直なラインが「美しいシルバー色」であるかのようにイメージし、あたかも背骨のすぐ前を通っているかのように写し取る。

4

「スパー、美しいシルバーのセンター、美しいシルバーのセンター」と言いながら、背骨の前のラインを5〜6回なぞる。左手でも同様に行う。

「美しいシルバーのセンター」は何度でもたくさんつぶやいた方がよい。「スパー」はたくさんつぶやくと体や動きやメンタルが固くなるので、2〜3回に止める。もし固くなったらセンター周りをゆるゆるに揺動させ、ゆるめること。

TRAINING 03 ピアスボールセンタースクワットタンブリング

PBCST（球軸串刺上下法）❶

その場でスクワットをしながら自分の身体の中を通る美しいシルバーのセンターが、ボールの中心（球芯）と地球の中心（地芯）を串刺しにするように意識する。

PBCスクワット

地球の中心（地芯）も必ず美しいシルバー色のイメージで！

① ボールを両足の間に優しくはさんで立つ。

② 美しいシルバーのセンターが、自分の背骨のすぐ前を通って上下に伸びているのを、「美しいシルバーのセンター、スパー、美しいシルバーのセンター」とつぶやきながらイメージする。

③ 右手で地球の中心（地芯）の方向を指しながら、膝を軽く屈伸しながら、美しいシルバーのセンターがボールの中心（球芯）を串刺しにするのを意識する。これを5〜6回繰り返す。

この時に上下動の1回ごとに「美しいシルバーのセンター、スパー、美しいシルバーのセンター」とつぶやくと効果が何倍にもなる。

CHAPTER 3

④ 次に左手で地芯を指したまま、右手で天を指すようにして、球芯を串刺しにした美しいシルバーのセンターが地球の中まで伸び、地芯を串刺しにするのを「美しいシルバーのセンター、スパー、美しいシルバーのセンター」とつぶやきながら意識する。

⑤ 膝を軽く屈伸しながら、センターが球芯、そして地芯を串刺しにするのを意識する。慣れてきたら、姿勢が崩れない程度まで膝を深く曲げる。

この時に上下動の1回ごとに「美しいシルバーのセンター、スパー、美しいシルバーのセンター」とつぶやくと効果が何倍にもなる。

⑥ 左右の手を替えながら、④と⑤を5〜6回繰り返す。

| TRAINING 04 | ピアスボールセンタースクワットタンブリング |

PBCST（球軸串刺上下法）❷

その場でタンブリング（上下動）しながら自分の身体の中を通る美しいシルバーのセンターが、球芯と地芯を串刺しするのを意識する。

PBCタンブ・垂直

地球の中心（地芯）も必ず美しいシルバー色のイメージで！

① ボールを両足で優しくはさみ、美しいシルバーのセンターが球芯と地芯を串刺しするのを意識しながら、その場でタンブリング（上下動）する。
（もも前派になると意味がない。もも裏派のままタンブリングする）

② タンブリングしつつ球芯、地芯を串刺しにした美しいシルバーのセンターを意識する。

| TRAINING 05 | ピアスボールセンタースクワットタンブリング |

PBCST（球軸串刺上下法）❸

タンブリングしながら左右に移動し、自分の身体の中を通る美しいシルバーのセンターが、球芯と地芯を串刺しにするのを意識する。

PBCタンブ・左右

地球の中心（地芯）も必ず美しいシルバー色のイメージで！

① ボールを両足で優しくはさみ、美しいシルバーのセンターが球芯と地芯を串刺しにするのを意識しながら、その場でタンブリング（上下動）する。（もも前派になると意味がない。もも裏派のままタンブリングする）

② タンブリングして球芯と地芯を串刺しにした美しいシルバーのセンターを意識しながら左右に移動する。

身体は正面を向いたままタンブリングしながら移動する。
美しいシルバーのセンターで移動するイメージをもつ。センターで移動できないと、ボールが足から離れてしまう。
球軸根本原理とは、自分のセンターが球芯を串刺しにして、さらに地芯を串刺しにすること。球軸が通っていれば、ボールがついてくるという感覚がよくわかるはず。

| TRAINING 06 | ピアスボールセンタースクワットタンブリング |

PBCST（球軸串刺上下法）❹

タンブリングしながら前後に移動し、自分の身体の中を通る美しいシルバーのセンターが、球芯と地芯を串刺しにするのを意識する。

PBCタンブ・前後

地球の中心（地芯）も必ず美しいシルバー色のイメージで！

① ボールを両足で優しくはさみ、美しいシルバーのセンターが球芯と地芯を串刺しにするのを意識しながら、その場でタンブリング（上下動）する。（もも前派になると意味がない。もも裏派のままタンブリングする）

② タンブリングして球芯と地芯を串刺しにした美しいシルバーセンターを意識しながら前後に移動する。

CHAPTER 3

TRAINING 07 ピアスボールセンタースクワットタンブリング

PBCST（球軸串刺上下法）❺

タンブリングしながら斜めに移動し、自分の身体の中を通る美しいシルバーのセンターが、球芯と地芯を串刺しにするのを意識する。

PBCタンブ・斜め

地球の中心（地芯）も必ず美しいシルバー色のイメージで！

① ボールを両足で優しくはさみ、美しいシルバーのセンターが球芯と地芯を串刺しにするのを意識しながら、その場でタンブリング（上下動）する。
（もも前派になると意味がない。もも裏派のままタンブリングする）

② タンブリングして球芯と地芯を串刺しにした美しいシルバーのセンターを意識しながら左斜め前、右斜め前、左斜め後ろ、右斜め後ろに移動する。

TRAINING 08 ピアスボールセンタースクワットタンブリング
PBCST（球軸串刺上下法）❻

その場でタンブリングしながら美しいシルバーのセンターを中心に軸回転し、自分の身体の中を通るセンターが、球芯と地芯を串刺しするのを意識する。

PBCタンブ・回軸

地球の中心（地芯）も必ず美しいシルバー色のイメージで！

① ボールを両足で優しくはさみ、美しいシルバーのセンターが球芯と地芯を串刺しにするのを意識しながら、その場でタンブリング（上下動）する。（もも前派になると意味がない。もも裏派のままタンブリングする）

② タンブリングして球芯と地芯を串刺にしした美しいシルバーのセンターを意識しながらその場で回転する。

CHAPTER 3

TRAINING 09 ピアスボールセンタースクワットタンブリング

PBCST（球軸串刺上下法）❼
きゅうじくくしざしじょうげほう

タンブリングしながら回旋移動し、自分の身体の中を通る美しいシルバーのセン
ターが、球芯と地芯を串刺しにするのを意識する。

PBCタンブ・回旋

地球の中心（地芯）も必ず美しい
シルバー色のイメージで！

① ボールを両足で優しくはさ
み、美しいシルバーのセン
ターが球芯と地芯を串刺し
にするのを意識しながら、
その場でタンブリング（上
下動）する。
（もも前派になると意味が
ない。もも裏派のままタン
ブリングする）

② タンブリングして球芯と地
芯を串刺しにした美しいシ
ルバーのセンターを意識し
ながら回旋（直径80セン
チくらいの円を描く）移動
する。

105

TRAINING 10 ピアスボールセンタースクワットタンブリング

PBCST（球軸串刺上下法）❽

タンブリングしながら8の字を描くように移動し、自分の身体の中を通る美しいシルバーのセンターが、球芯と地芯を串刺しするのを意識する。

PBCタンブ・8の字

① ボールを両足で優しくはさみ、美しいシルバーのセンターが球芯と地芯を串刺しにするのを意識しながら、その場でタンブリング（上下動）する。
（もも前派になると意味がない。もも裏派のままタンブリングする）

地球の中心（地芯）も必ず美しいシルバー色のイメージで！

② タンブリングして球芯と地芯を串刺しにした美しいシルバーのセンターを意識しながら8の字を描くように移動する。

CHAPTER 3

TRAINING 11　ピアスボールセンタートゥル

PBCT（球軸串刺踏換法）
きゅうじくくしざしふみかえほう

テンポよく足を踏み換えてボールをまたぎながら、自分の身体の中を通る美しいシルバーのセンターが、球芯と地芯を串刺しするのを意識する。

左右股関節の外側を通る外転筋をゆるめ脱力すること！

1. PBCST（球軸串刺上下法）で、膝を軽く曲げて自分の身体の中を通る美しいシルバーのセンターが、球芯、そして地芯を串刺しにするのを意識する。

2. センターを意識したまま、ボールの左側に両足を揃えて立つ。股関節の両外側を擦ってゆるめるとよい。

3. 左足でボールを越えてボールの右側に移動する。ついてくる右足はボールの後ろ側を通過させてボールの右側で左足と揃えて立つ。

4. 次に右足でボールを越えて元の位置に戻る。ついてくる左足はボールの後ろ側を通過させてボールの左側に右足と揃えて立つ。

次ページに続く ･･･▶

⑤ ③、④を10往復繰り返す。

⑥ 慣れてきたら、右足、左足をワンステップでボールを越えて足を置き換える。

左右の股関節の外側を擦り続けながら行うのもよい。とにかく外転筋をゆるめ脱力することが大切。

美しいシルバーのセンターでいつも地芯を串刺しすることを意識する。足でボールを越える時、センターで球芯も串刺しにする。その時、「シルバー」「串刺し」と交互につぶやくと意識が高まりやすくなる。
ボールが常にお尻の真下でキープされていること。
もも前派になって足を太もも前側のブレーキ筋で引き上げると意味がない。
左斜め前方へ進もうとする時、普通は右足のインサイドでボールにタッチしようとするが、このトレーニングを積むことで、左のアウトサイドでボールにタッチしてそのまま左斜め前方に進むことができるようになる。

CHAPTER 3

TRAINING 12　インクラインボールセンター

IBC（傾斜球軸法）❶

自分の身体の中心と地芯を貫くセンターを傾斜させ、円錐形を描くようにボールの周りをスピーディーに回る。センターが自分の体を運んでくれるリード軸を使う。

ボール周り法

1
自分の身体の中心を天地に貫き、地芯を串刺しにする美しいシルバーのセンターを意識する。

2
ボールの前に立ち、センターを傾斜させながらボールの周りを回る。

> 全身を脱力しながら美しいシルバーのセンターを通して行うこと！

> うまくできない時は、ボールを使わず、センターを意識しながら前後に動くリード軸を使って行う。このトレーニングでセンターをキープできたら、ボール周り法に挑戦する。右傾斜と左傾斜で得意、不得意があるので、指導者や仲間に見てもらって左右両方でうまくできるようにする。

3
センターが通るので身体が一本の棒のようになり、センターで円錐形を描くようなイメージで行う。

4
慣れてきたら、センターで体を運びながらスピーディーに回る。
※外転筋を擦るのもよい。

TRAINING 13 インクラインボールセンター
IBC（傾斜球軸法）❷

自分の身体の中心と地芯を貫くセンターを傾斜させ、ボールを乗り越えて前後に移動する。センターが体を運ぶリード軸を使う。

ボール越え法・前後

1 自分の身体の中心を天地に貫き、地芯を串刺しにするセンターを意識する。

2 ボールの手前に立ち、センターを傾斜させながらボールを乗り越えて前方（ボールの向こう側）に移動する。

全身を脱力しながら美しいシルバーのセンターを通して行うこと！

CHAPTER 3

③

ボールを背後にして立ち、センターを傾斜させながらボールを乗り越えて後方（ボールの手前側）に移動する（ボールの上に乗るとひっくり返り、頭を打つ可能性もあるので十分注意する）。②と③を交互に繰り返す。

いつも地芯を串刺しにするセンターを意識してセンターで移動する。特に後方へボール越えするのは、少しでも怖がるとセンターをキープできない、上級者向け。チャレンジする時はマットを敷くか、ヘルメットをかぶるか、ひっくり返って頭を打っても大丈夫なように対策をするように。

111

TRAINING 14 インクラインボールセンター
IBC（傾斜球軸法）❸

自分の身体の中心と地芯を貫くセンターを傾斜させ、ボールを乗り越えて左右に移動する。センターが自分の体を自在に連れ回すリード軸を使う。

ボール越え法・左右

① ボールの横に立ち、自分の身体の中心を天地に貫き、地芯を串刺しにするセンターを左右に大きく振子のように気持ちよく倒してボールを越える。

② センターに自分が気持ちよく左右に振り回されるように、足は勝手についてくる感覚で。

全身を脱力しながら美しいシルバーのセンターを通して行うこと！

CHAPTER 3

TRAINING 15 ローワーセンターシフト

LCS（下軸シフト法）❶

自分の身体の中心と地芯を貫くセンターを意識し、下軸のみを傾斜させ、下軸で円錐形を描くようにボールの周りをスピーディーに回る。これもリード軸で。

ボール周り法

自分の身体の中心を天地に貫き、地芯を串刺しにするセンターを意識する。

②
ボールの右横に立ち、体幹の軸は直立させ、下半身のセンターだけを傾斜させて左足からボールを越えていく。

③
ボールの左横に立ち、体幹の軸は垂直、下半身のセンターだけを傾斜させて右足からボールを越えていく。

②と③を交互に繰り返す。

全身を脱力しながら美しいシルバーのセンターを通して行うこと！　1対1で抜く時や混戦を抜け出すような時などに役に立つ身体の使い方が身につく。絶好調な時のメッシやネイマールなどは、見事にこの身体の使い方をしている。

TRAINING 16 ローワーセンターシフト

LCS（下軸シフト法）❷

自分の身体の中心と地芯を貫くセンターを意識し、下軸のみを傾斜させ、ボールを乗り越えて左右に移動する。これもリード軸を使う。

> ボール越え法・左右

① 自分の身体の中心を天地に貫き、地芯を串刺しにするセンターを意識する。

② ボールの左横に立ち、体幹の軸は垂直、下半身のセンターだけを傾斜させて右足からボールを越えていく。

③ ボールの右横に立ち、体幹の軸は垂直、下半身のセンターだけを傾斜させて左足からボールを越えていく。

④ ②と③を交互に繰り返す。

> 全身を脱力しながら美しいシルバーのセンターを通して行うこと！

CHAPTER 3

TRAINING 17 ローワーセンターシフト

LCS（下軸シフト法）❸

自分の身体の中心と地芯を貫くセンターを意識し、下軸のみを傾斜させ、ボールを乗り越えて前後に移動する。難しいリード軸の使い方だ。

ボール越え法・前後

① 自分の身体の中心を天地に貫き、地芯を串刺しにするセンターを意識する。

② ボールを背後にして立ち、体幹の軸は垂直、下半身のセンターだけを傾斜させて右足から後方へボールを越えていく。

全身を脱力しながら美しいシルバーのセンターを通して行うこと！

いつも地芯を串刺しにするセンターを意識してセンターで移動する。特に後方へボール越えするのは、少しでも怖がるとセンターをキープできない、上級者向け。チャレンジする時はマットを敷くか、ヘルメットをかぶるか、ひっくり返って頭を打っても大丈夫なように対策をするように。

次ページに続く ▸▸▸

115

> ボール越え法・前後

3. ボールの後ろに立ち、体幹の軸は垂直、下半身のセンターだけを傾斜させて右足から前方へボールを越えていく。

4. 次に足を左右逆にして同じ動きを繰り返す。

5. ②〜④を繰り返す。

TRAINING 18 アッパーセンターシフト

UCS（上軸シフト法）❶

自分の身体の中心と地芯を貫くセンターを意識し、両手を垂直に沿わせてセンターをサモンしながら上軸を垂直のまま左右にリード軸で平行移動させる。

垂直サモン法 ※サモンとは身体意識を喚起すること。

全身を脱力しながら美しいシルバーのセンターを通して行うこと！

両足を腰幅に開き、センターを意識して立つ。

両手を写真のように構えて、センターと連動させる。

上軸を地面に対して垂直のまま左右に平行移動させる。

手の位置を上下入れ替えて同じように行う。

TRAINING 19 アッパーセンターシフト

UCS（上軸シフト法）❷

自分の身体の中心と地芯を貫くセンターを意識し、両腕を直交させてセンターをサモンしながら上軸を垂直のまま左右にリード軸で平行移動させる。

直交サモン法

全身を脱力しながら美しいシルバーのセンターを通して行うこと！

① 両足を腰幅に開き、センターを意識して立つ。

② 両手を写真のように構えて、センター及び地面と連動させる。

③ 上軸を地面に対して垂直のまま左右に平行移動させる。

④ 手の位置を入れ替えて同じように行う。

TRAINING 20 アッパーセンターシフト
UCS（上軸シフト法）❸

ボールを両足にはさんだ状態で、自分の身体の中心と地芯を貫くセンターを
意識し、直交サモン法と同じ動作を行う。リード軸を使う。

球軸法

全身を脱力しながら美しいシルバーのセンターを通して行うこと！

1 ボールを両足で優しくはさみ、センターを意識して立つ。

2 両手を写真のように構えて、センター及び地面と連動させる。

3 上軸を地面に対して垂直のまま左右に平行移動させる。

4 手の位置を入れ替えて同じように行う。

TRAINING 21　アッパーセンターシフト

UCS（上軸シフト法）❹

ボールを額の上にのせた状態で、直交サモン法と同じ動作を行う。難しいと感じる人は片手でボールを押さえて行ってもよい。リード軸を使う。

ボール支持法

① センターを意識して立ち、頭上にボールをのせる。

② 両手を写真のように構えて、センターを意識する。

③ 頭上のボールをキープしたまま、上軸を地面に対して垂直のまま左右にに平行移動させる。

④ 手の位置を入れ替えて同じようにする。

CHAPTER 3

[応用形]

① センターを意識して立ち、左手で額の上に置いたボールを押さえる。

全身を脱力しながら美しいシルバーのセンターを通して行うこと！

② 右手を写真のように垂直に構えて、センターを意識する。

③ 額の上のボールをキープしたまま、上軸を地面に対して垂直に平行移動させる。

④ 手の位置を入れ替えて同じようにする。腕は水平に構えてもよい。

第4章 内球軸トレーニング

CHAPTER 4

　下にあるフランス代表でスペインのFCバルセロナに所属するウスマン・デンベレ選手のプレー写真を見て、「おっ！」と驚くことはありませんか。

　目の肥えたサッカー関係者の方々は、いろいろと発見されるかもしれませんが、注目して頂きたいのはデンベレ選手の左の股関節です。右の股関節より低い位置にあります。

　普通は、ボールをコントロールしようと地面から左足を上げると、左の股関節は右の股関節より高くなるはずです。ところが、デンベレ選手の場合、反対に左の股関節が低くなっているのです。

　この体勢を実際に試してみるといいでしょう。
左足（または右足）をボールの高さまで上げながら、左（または右）の股関節を右（または左）の股関節の位置より下げます。たいていの人は身体のバランスが崩れるでしょうが、なかには左（または右）の股関節がストレッチされ、全身の筋肉がほぐれて気持ちいいという方がおられるかもしれません。股関節を中心とした左腰（または右腰）を脱力させて下げると、股関節のストレッチをしているのと同じ状態になるのです。

ウスマン・デンベレ

デンベレ選手のように身体のバランスを崩さず、かつ、思い通りにボールを扱おうと思えば、球軸化したセンターが通っていることが必要です。左足でボールを扱おうとする時、空中脚となる左の腰を下垂させます（空中脚腰下垂といいます）。すると、センターが急速に左に移動してボールをとらえ、そのままボールを越えていきます。右のアクセル筋が使えると同時に、センターがリード軸化して全身を気持ちよく引き連れて高速移動するため、左方向へまるで吹っ飛ぶかのように超高速移動することができます。

　デンベレ選手はこの動きが得意です。アウトサイドでパスを出したり、スペースへボールを出してドリブル突破をすることもあります。こうした球軸が使えることでセンターがリード軸化し、スムーズに高速移動するため、一瞬のスピードが上がり、相手選手を置き去りにすることも可能なのです。
　このような特別な働きをする球軸化したセンターを「内球軸」または「IOBC」と呼んでいます。

　全盛時のメッシ選手やイニエスタ選手たちもよく使っていました。
　また、脱力した足で素早く蹴るため、ボールに与える運動エネルギーも大きくなります。その結果、ボールが足にくっついているように見えたり、足とボールが糸でつながっているように見えます。

　左足のアウトサイドでボールを運ぼうとする時、内球軸がないと、左足を前に出そうとして左腰がいったん上がります。そのため、反対の右足に一度重心が移ってから左前へ進みます。ダッシュする前に一瞬の間ができて、ダッシュ力も低くなります。
　ほとんどのサッカー選手には内球軸がないため、ボールをちょこっと動かしたり、反対を向いてバックパスしたりというプレーをしがちです。内球軸がないために、一瞬の動きで相手を置き去りにしようという発想そのものが生まれないからです。

　逆にいえば、内球軸があれば、この内球軸を使うという前提でボールや周りの選手やピッチを見ます。つまり内球軸がビュー軸をも引き出し、視覚的、戦術的にもプレーの幅が広がるということです。
　内球軸がないと、世界のトップ選手にはなれません。第4章では、この内球軸を身につけるためのトレーニングを行います。

CHAPTER 4

内球軸の通しかた

① 内球軸とは、空中脚（蹴り脚）側の腰が、軸足側の腰より低い位置で（空中脚腰下垂）ボールをとらえ、ボールに乗れる働きを持つ軸のこと。

② 腰下垂でボールに乗っているところ。内球軸ができると、まるでボールが足にくっつくような巧みなボール操作が可能になる。

③ 内球軸を使ってボールに深く乗っていった時の動き。自分の身体と球芯、地芯を貫くセンターを一直線上に連動するのを感じる。

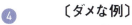

〔ダメな例〕

④ 内球軸がないとボールに乗る側の腰が上がり、反対の脚に重心が移って動き出しが鈍る。これではトップ選手になるのは不可能だ。

125

COLUMN

レアル・マドリードの「もう一人」の日本人
世界トップオブトップ選手になるために

2026年北中米大会で日本代表の中心選手の一人として期待されるのが、高校1年生世代の中井卓大君ですね。現在、レアル・マドリードの「カテーデA（U-16）」に在籍しています。

高岡は、まだ中井君のことを見ていませんが、松井は自分の子どもと同学年のため、以前から注目していました。

とにかく、中井君はゆるゆる少年です。ゴール前に切り込んでも、腰がへらへらへらへら動いていて驚きます。1990年代以降の日本のサッカー選手で、これほどゆるんだ選手を見たことはありません。

動画を見ても、ボールが足にくっついているかのようなキープやドリブルができますし、足とボールが糸でつながっているようなパスを出します。ゆるゆるにゆるんだうえに、球軸が通っているんですね。今、日本のサッカー選手で見ていて一番楽しい選手ではないでしょうか。

中井君は、8歳の時にレアル・マドリードの下部組織の目にとまり、翌年に受けた入団テストに合格。故郷の滋賀県大津市からスペインに移り住んだ後も順調に成長しているようです。

ただ、これから年齢が上がるにつれ、自分で意識しないと身体は硬くなりやすいです。普通レベルの子たちを見ていると、中学3年あたりからどんどん硬くなっていきます。特に体力的に過酷なサッカー選手は疲労が蓄積して筋肉やじん帯が硬くなりやすく、注意が必要です。実際、2歳上の久保建英選手はじょじょに「ゆるみ度」が下がってきています。

その久保君もレアル・マドリードへの移籍が決まりました。ちょうどよい機会ですので、2人揃って高岡のところで「ゆるトレーニング」と「球軸トレーニング」に取り組み、世界のトップオブトップ選手をめざしてほしいです。

そういえばTwitterに2人で一緒に体幹トレーニングをする動画がありました。2人とも（特に中井君）、もっと軸を意識する方がいいですよ。日々の体力トレーニングでもゆるむことや軸を意識しているかどうかが、未来の真の実力に直結してきます。

TRAINING 22 センターシングルレッグユル

CSLY（軸片足ゆる法）

脚全体をゆるゆるにゆるめて、球軸を使ったボールコントロールのためのベースをつくる。日本が世界一になるための根幹メソッド。

1
全身の力を抜き、地芯に乗っている感じで両足を軽く開いて立つ。左足をダラーッと垂らすようにして、左脚を地面からわずかに上げる。この時に軸足となる右足の「ウナ」を強く意識する。

<ウナ>
人が楽に正しく立つために乗るべき足裏の最重要ポイントで、脛骨直下点に形成される球状の点、もしくは小さな身体意識のこと。

2
左脚全体がときほぐれるように、プラプラと左足をゆすってゆるめる。軸がブレないようにセンターを強く意識するが決して力を入れてはならない。反対側の足も同じように行う。

TRAINING 23　センターシングルレッグボールユル

CSLBY（軸片足ボールゆる法）

ボールの上で脚全体がゆるゆるになり、ボールが足に密着感をもってついてくるようにする。自由自在に動けるようになるための基本メソッド。

① 地芯に立ってセンターを通す。全身をゆるませてボールから20〜30センチ手前に立ち、そのボールに左足を乗せる。

② ボールに乗せた足を左右に動かしてみる。

③ 足先ではなく、「ウナ」の近くでボールをコントロールしているのを感じる。

④ ボールを尻下でコントロールしているのを感じる。

⑤ 左足の重みをズシーと感じる。

CHAPTER 4

6 左足首、左膝、左の太もも、左の股関節の重みをズシーと感じる。

7 次に右足をボールに乗せる。右足の重みをズシーと感じる。

8 右足首、右膝、右の太もも、右の股関節の重みをズシーと感じる。

9 ボールが自分のセンター（軸）に近づいてくるのを感じる。

10 足の重みでパスを蹴り、足の重みでパスを受ける。

ほとんどの選手は、足をボールに乗せると、体重がもう一方の足（軸足）に移ってしまう。なかには、上半身まで軸足の方向へ傾いてしまう人がいるかもしれない。
しかし、世界のトップ選手は、ボールに片足を乗せても軸足に体重が片寄らない。どんな時もセンターが天地に通り、ボールを「ウナ」や「尻下」でコントロールしているという意識をもっている。そのため、体重がよく乗った足でボールをコントロールしたり、パスを出したりすることができる。

TRAINING 24 インサイドボールセンターユル

IBCY（内球軸ゆる法）

ボールが足にひっついてきて、尻下でボールがキープできるようにする。
球軸をつくるための代表的トレーニング。

1. ボールを内くるぶしの間に優しくはさんで、リラックスして立ち、自分のウナを意識する。

2. 地下約6000キロに地芯を感じる。美しいシルバーの地芯上空6000キロで立つイメージでもよい。

3. 地芯から立ち上がるセンターを感じる。センターが股の間、背骨の前を通って天へ抜けていくのをイメージする。

4. センターを感じながら身体を左右にゆっくり動かす。円筒状にまっすぐ立っている体幹部を柔らかくキープしながら行う。膝は、柔らかくゆるんでいてもいい。

CHAPTER 4

⑤ 脛骨(けいこつ)の下でボールをとらえているのを感じる。下半身がべらべらにゆるんでくる。ボールと足が柔らかくくっついてきたように感じるといい。

TRAINING 25　インサイドオーバーボールセンター

IOBC（内球軸法）❶

片足を浮かせ、ボールに乗せるようにして、センターごと身体を傾け崩れながら、人とボールと地球の全中心を球軸で連動させて、ゆっくりとボール越しに移動する。

スロー

1. ボールの手前に立つ。

2. 地下約6000キロに地芯を感じる。美しいシルバーの地芯上空6000キロで立つイメージでもよい。

3. 地芯から立ち上がるセンターを感じる。センターが股の間、背骨の前を通って天へ抜けていくのをイメージする。

4. 全身をゆるませ、重みをもたせる。

5. ゆるゆるにゆるみ、重みをもたせたまま、センターで乗っていくようにボールに片足を乗せる。

CHAPTER 4

⑥ センターごとゆったりと倒れるようにボール越しに移動していく。反対の足も同様に行う。

TRAINING 26 インサイドオーバーボールセンター
IOBC（内球軸法）❷

全身をゆるませ、重みをもたせた状態で、人とボールと地球の全中心を球軸で連動させるように、ボールに足を左右交互にテンポよくスピーディーに乗せていく。

クイック

1. ボールの手前に立つ。

2. 地下約6000キロに地芯を感じる。美しいシルバーの地芯上空6000キロで立つイメージでもよい。

3. 地芯から立ち上がるセンターを感じる。センターが股の間、背骨の前を通って天へ抜けていくのをイメージする。

4. 全身をゆるませ、重みをもたせる。

CHAPTER 4

⑤ ゆるゆるにゆるみ、重みをもたせたまま、センターで乗っていくようにボールに片足をスピーディーに乗せる。スピーディーに乗せることでより実戦に近くなる。
反対の足も同様に行う。

⑥ 脱力、センター、重みをキープしたまま、両足を左右交互にテンポよくボールに乗せていく。

TRAINING 27 インサイドオーバーボールセンター
IOBC（内球軸法）❸

全身をゆるませ、重みをもたせた状態で、センターごと身体を引き連れて、人とボールと地球の全中心を球軸で連動させるようにボールに乗りながら抜けていく。

> スルー

ボールの左（または右）に少し離れて立つ。

②
地下約6000キロに地芯を感じる。美しいシルバーの地芯上空6000キロで立つイメージでもよい。

地芯から立ち上がるセンターを感じる。センターが股の間、背骨の前を通って天へ抜けていくのをイメージする。

④
全身をゆるませ、重みをもたせる。

5 センターごと自分の身体を引き連れて、センターと重みでボールに乗っていく。

6 地芯と自分のセンター、ボールの中心が一直線状に連動する（吸い寄せられる）ようにボールに乗りながら抜けていく。

第5章

外球軸トレーニング

第5章では、写真のマイケル・マンシェン選手（アメリカ／ニューイングランド・レボリューション）のような、めちゃくちゃカッコいいプレーをするための「外球軸トレーニング」を紹介します。写真はハンブルガーSVに所属していた2012年の時のものです。

普通はこれぐらい身体を傾けたら、バランスを保つことすら不可能ですが、マンシェン選手は左足でボールをしっかりコントロールしています。倒れないのは、高岡が「外球軸（OOBC）」と呼ぶセンターが形成されているからです。

この体勢の大きな特徴は、軸足側の腰の前と横側が脱力していることです。股関節でいえば、脱力しながら内転かつ後方へ伸展しています（後内転脚と呼びます）。これによって軸足のアクセル筋が使えると同時に、センター（軸）がリード軸化して高速移動し、それこそ吹っ飛ぶくらいの勢いで身体が超高速移動します。

この時、蹴り足のインサイドでキックもできるし、インサイドでボールを運んでドリブルもできます。一瞬のダッシュで相手を置き去りにすることも可能です。さらに、ボールに与える運動エネルギーも大きいので、ボールと足が糸でつながっているように見えたり、ボールが足にくっついているように見えたりします。

第5章では、この「外球軸（OOBC）」を身につけるためのトレーニングを紹介します。

ちなみに、第4章で紹介した「内球軸（IOBC）」は、空中にある蹴り脚を「腰下垂」させる、球軸のタイプです。それに対して「外球軸（OOBC）」は軸脚でも、蹴り脚でも「後内転」させる球軸のタイプです。そのため「内球軸（IOBC）」の動きから空中脚のまま「外球軸（OOBC）」でボールを運ぶことも、空中脚を着地して軸脚に移り、反対足の強烈なキックを放つことも当然可能です。

マイケル・マンシェン

外球軸の通しかた

① 外球軸とは、軸脚もしくは蹴り脚の前面と側面の筋肉を脱力させ、脚を内転かつ後方へ伸展させる働きを持つ軸のこと。

② 空中脚の腰下垂と後内転が連続して起きている。内球軸と外球軸を同時に使わないとできない非常に高度で難しい動き。

CHAPTER 5

COLUMN

柔道でも重要な「軸」
日本人初の金メダルの裏側にあった努力

　柔道界の重鎮である上村春樹さんは、少年時代、逆上がりばかりか、懸垂も一回もできない肥満児でした。将来を案じた両親に勧められ、小学5年で柔道を始めました。

　柔道の奥深さに目覚めたのは、熊本の高校時代。指導を受けた土谷新次師範は目が不自由だったのに、「春樹、今の投げはいいぞ」、「今のはダメだ」と声をかけました。やがて上村さんは、師匠が音で技の良し悪しを判断していることに気づきます。

「投げられた相手が受け身をとる時の音を聞いていたのです。青畳に濡れ雑巾を思い切り打ちつけたようなバシッという音がすれば、師匠から誉められることに気づいたんです」

　そして、その音が出るのは背筋をピンと伸ばして技をかけた時だと気づきます。

　高校卒業後、上村さんは明治大学へ進みました。初戦で青山学院大の選手に絞め落とされ、大きな挫折を味わいます。周りは上村さんより強い人ばかりだったそうですが、悩む中で「軸の大切さ」に気づきます。昔から武道の世界で大切にされてきた軸を意識して技をかければ、濡れ雑巾を青畳に打ちつけたようなバシッという音がしたのです。

　上村さんは軸のトレーニングに没頭しました。軸を動かすことで自分の身体を動かして技をかけたり、相手の軸を崩すことで相手の姿勢を崩したりしました。

「電車の中で揺れても軸をコントロールすることでバランスをとったり、稽古中の待ち時間にも足をちょこっと動かして軸がどう変わるか感じたりと、起きている間はずっとと言っていいほど軸のトレーニングをしていました」

　その成果は著しく、明治大でも一番弱かった新入生が大学4年生で学生チャンピオンになり、社会人2年目に全日本チャンピオンになります。さらに1976年のモントリオール五輪では、174cmと小柄な上村さんが無差別級で日本人初の金メダルも獲得しました。

　晩年、台頭著しかった山下泰裕さんと対戦した時、お互いに軸を崩し合いますが、両者とも簡単には崩れません。

「何もすることがなくなったので、私がグッと顔を動かして時計を見たんですよ。その瞬間、驚いた山下の軸がフッと崩れかけましたけどね」

　軸の大切さに気づき、軸の徹底トレーニングで世界を制した上村さんは、そう言って笑いました。

TRAINING 28
交叉爪先クル転子突擦法
こうさつまさき　　てんしとっさつほう

両脚を交叉させた状態で、指で股関節を探りながら爪先を中心に脚を回旋させることで、脚全体をゆるめる体操。股関節からの鋭い動きを可能にする。

① 思い切りリラックスして立ち、美しいシルバー色のイメージの地芯上空6000キロに立っている意識で立つ。

② 地芯から立ち上がる美しいシルバーのセンターを感じる。センターが股の間、背骨の前を通って天へ抜けていくのをイメージする。

③ 写真のように両脚の股関節周りの外転筋を思い切りゆるめ、足を交叉させて、前の足の踵をわずかに浮かせ、爪先を地面につける。

全身脱力で美しいシルバーのセンターを通して行うこと！

CHAPTER 5

④ 地面につけた爪先をその場でクルクル回しながら指で転子(股関節)をこすって転子の場所を自分にわからせる。

TRAINING 29
交叉ウナ乗り換え転子突擦法
こうさ　　　　の　か　　てんしとっさつほう

両脚を交叉させた状態でボールを両足にはさみ込み、両足のウナに重みを集め、
前足と後ろ足交互に乗り換えるように移動させながら、指で股関節を探る。

1
思い切りリラックスして立ち、美しいシルバー色のイメージの地芯上空6000キロに立っている意識で立つ。

2
地芯から立ち上がる美しいシルバーのセンターを感じる。センターが股の間、背骨の前を通って天へ抜けていくのをイメージする。

3
写真のように両脚の股関節周りの外転筋を思い切りゆるめ、足を交叉させ、前足のウナに自分の重みが集まるイメージをもつ。

全身脱力で美しいシルバーのセンターを通して行うこと！

4
③をキープしたまま指で転子（股関節）をこすって転子の場所を自分にわからせる。

CHAPTER 5

ダメな例

膝が曲がって脚がガニ股に開き、くの字腰になって体幹部が前へ倒れてしまうのはNG。

⑤ 次に、後ろ足のウナに自分の重みが集まるイメージをもち、指で転子（股関節）をこすって転子の場所を自分にわからせる。

TRAINING 30

交叉ウナ立ち転子ゆる

両脚を交叉させた状態で、前足のウナに重みを集め、指で股関節を探りながら、転子をゆすって、ときほぐし、ゆるませる。

① リラックスして立ち、地下約6000キロに地芯を感じる。

② 地芯から立ち上がるセンターを感じる。センターが股の間、背骨の前を通って天へ抜けていくのをイメージする。

③ 写真のように足を交叉させ、前足のウナに自分の重みが集まるイメージをもつ。

④ ③をキープしたまま転子（股関節）の部分をゆすってゆらし、ゆるませていく。その時、指で突いて転子の場所を自分にわからせる。

全身脱力で美しいシルバーのセンターを通して行うこと！

CHAPTER 5

TRAINING 31

交叉球軸串刺タンブ
こう さ きゅうじくくしざし

両脚を交叉させた状態でボールを両足にはさみ、タンブリングしながら自分の身体の中を通るセンターが、球芯と地芯を串刺しにするのを意識する。

① リラックスして立ち、地下約6000キロに地芯を感じる。

② 地芯から立ち上がるセンターを感じる。センターが股の間、背骨の前を通って天へ抜けていくのをイメージする。

③ 写真のように足を交叉させてボールをまたぎ、前足のウナに自分の重みが集まるイメージをもつ。

④ ③をキープしたまま、センターで球芯と地芯を串刺しにするようなイメージでタンブリング（上下動）する。

全身脱力で美しいシルバーのセンターを通して行うこと！

TRAINING 32

交叉球軸転子ゆる
こうさきゅうじくてんし

両脚を交叉させた状態でボールを両足にはさみ、前足のウナに重みを集め、指で股関節を探りながら、転子をゆすって、ときほぐし、ゆるませる。

① 思い切りリラックスして美しいシルバー色のイメージの地芯上空6000キロに立っている意識で立つ。

② 地芯から立ち上がる美しいシルバーのセンターを感じる。センターが股の間、背骨の前を通って天へ抜けていくのをイメージする。

③ 写真のように足を交叉させてボールをまたぎ、前足のウナに自分の重みが集まるイメージをもつ。

④ ③をキープしたまま、センターで球芯と地芯を串刺しにするようなイメージで転子をゆすってゆるませる。

全身脱力で美しいシルバーのセンターを通して行うこと！

COLUMN

海外でのプレーは 「ゆるトレ」「球軸トレ」に最適

　日本代表に「海外組」の選手が増えています。また、海外のクラブに所属して成長する選手も目立ちます。もともと海外に出る選手というのは相当な覚悟があってのことでしょうが、海外で生活するメリットの一つに自由になる時間が多いことがあります。

　海外で生活していると、友人や知人が少ないので出かける機会や用事が少ないです。また、クラブハウスや部室などで無駄話をして時間が過ぎることもありません。かといって立ち寄りたいと思う場所もそうはありません。
　実際、サッカー選手の場合も、練習が終わればまっすぐ家に帰る日々が多くなるようです。

　最近はゲームや携帯電話で時間をつぶす人もいるでしょうが、「サッカーをしに来ている」という意識が強いほど無駄な時間が気になるそうです。その結果、日本にいるより自分の向上のために使える自由な時間がずっと多くなり、チーム練習以外のトレーニングにも取り組みやすいのです。
　しかも、家にいることが多いので、部屋でもできる体幹トレーニングや全身をゆるめるためのトレーニングに取り組みやすく、継続もしやすいです。

　現実に、海外で成長する選手には、自分の身体を開発するためのトレーニングにも取り組んでいるケースが多いように思います。

　日本にいると誘いや用事が多く、付き合いもあります。ついつい無駄な時間を過ごしてしまうことも少なくありません。それだけ日常に埋没しやすいのですが、サッカー選手として成長したいなら、強い意志で時間をコントロールすることが必要です。

　サッカーに集中できる時間は限られています。長い人生の中の、ほんの短い期間、サッカーに没頭してほしいです。そして、その時、その時、夢や目標に向かって一番大切なことは何かと考え、常に有意義な時間を過ごしてほしいと願っています。

| TRAINING 33 | アウトサイドオーバーボールセンター |

OOBC定位法 ❶

全身をゆるませ、重みをもたせた状態で、交叉させた片足をボールに乗せ、身体とボールと球軸の全中心を連動させるように、ゆっくりとボール越しに移動する。

1. ボールの右横に立つ。

2. 思い切りリラックスして美しいシルバー色のイメージの地芯上空6000キロに立っている意識で立つ。

3. 地芯から立ち上がるセンターを感じる。センターが股の間、背骨の前を通って天へ抜けていくのをイメージする。

4. 全身をゆるませ、重みをもたせる。

全身脱力で美しいシルバーのセンターを通して行うこと！

CHAPTER 5

⑤
ゆるゆるにゆるみ、重みをもたせたまま、センターで乗っていくようにボールに交叉させた右足を乗せる。センターごとゆったりと倒れるようにボール越しに移動していく。

TRAINING 34　アウトサイドオーバーボールセンター

OOBC定位法 ❷
ていいほう

全身をゆるませ、重みをもたせた状態で、交叉させた片足をボールに乗せ、身体とボールと球軸の全中心を連動させるように、すばやくボール越しに移動する。

ミドル

1. ボールの右横に立つ。

2. 思い切りリラックスして美しいシルバー色のイメージの地芯上空6000キロに立っている意識で立つ。

3. 地芯から立ち上がるセンターを感じる。センターが股の間、背骨の前を通って天へ抜けていくのをイメージする。

4. 全身をゆるませ、重みをもたせる。

全身脱力で美しいシルバーのセンターを通して行うこと！

CHAPTER 5

⑤ ゆるゆるにゆるみ、重みをもたせたまま、センターで乗っていくようにボールに交叉させた右足を乗せる。センターごと倒れるようにして、スローの時よりスピーディーにボール越しに移動していく。

TRAINING 35 アウトサイドオーバーボールセンター

OOBC 定位法 ❸
ていいほう

全身をゆるませ、センターで乗っていくように、片足でボールに触れながらまたぎ、ステップなしで逆の足でも同じ動きを行い、左右交互にこれを繰り返す。

ゼロステップクイック

1. ボールの右横に立つ。

2. 思い切りリラックスして美しいシルバー色のイメージの地芯上空6000キロに立っている意識で立つ。

3. 地芯から立ち上がるセンターを感じる。センターが股の間、背骨の前を通って天へ抜けていくのをイメージする。

4. 全身をゆるませ、重みをもたせる。

5. ゆるゆるにゆるみ、重みをもたせたまま、センターで乗っていくように右足でボールに少し触れながらまたぐ。

全身脱力で美しいシルバーのセンターを通して行うこと！

CHAPTER 5

⑥ 次にステップをせず、左足でボールに少しだけ触れながらまたぐ。これを繰り返す。

TRAINING 36 アウトサイドオーバーボールセンター
OOBC定位法 ❹

全身をゆるませ、センターで乗っていくように、片足でボールに触れながらまたぎ、ステップを踏んでから逆の足でも同じ動きを行い、左右交互に繰り返す。

ワンステップクイック

① ボールの右横に立つ。

② 思い切りリラックスして美しいシルバー色のイメージの地芯上空6000キロに立っている意識で立つ。

③ 地芯から立ち上がるセンターを感じる。センターが股の間、背骨の前を通って天へ抜けていくのをイメージする。

④ 全身をゆるませ、重みをもたせる。

⑤ ゆるゆるにゆるみ、重みをもたせたまま、センターで乗っていくように右足足裏からアウトサイドでボールに少し触れながらまたぐ。

全身脱力で美しいシルバーのセンターを通して行うこと！

⑥ 次に着地した右足でステップを踏み（少し浮かせる）、今度は左足足裏からアウトサイドでボールに少しだけ触れながらまたぐ。これを繰り返す。（ワンステップ入れるだけで、ポジショニングを変える余裕が生まれる）

TRAINING 37　アウトサイドオーバーボールセンター

OOBC移動法 ①

片足でボールに触れながらゆったりとまたぎ、ボール越しに移動したらアウトサイドでボールをコントロール。左右交互に繰り返しながら移動し続ける。

スルーミドル

1. ボールの右横に立つ。

2. 思い切りリラックスして美しいシルバー色のイメージの地芯上空6000キロに立っている意識で立つ。

3. 地芯から立ち上がるセンターを感じる。センターが股の間、背骨の前を通って天へ抜けていくのをイメージする。

4. 全身をゆるませ、重みをもたせる。

全身脱力で美しいシルバーのセンターを通して行うこと！

CHAPTER 5

⑤ ゆるゆるにゆるみ、重みをもたせたまま、センターで乗っていくように右足足裏からアウトサイドでボールに少し触れながらまたぐ。センターごとゆったりと倒れるようにボール越しに移動しながらアウトサイドでボールをコントロールする。

TRAINING 38　アウトサイドオーバーボールセンター

OOBC移動法 ❷

片足でボールに触れながらテンポよくまたぎ、ボール越しに移動したらアウトサイドでボールをコントロール。左右交互に繰り返しながら移動し続ける。

スルークイック

1. ボールの右横に立つ。

2. 思い切りリラックスして美しいシルバー色のイメージの地芯上空6000キロに立っている意識で立つ。

3. 地芯から立ち上がるセンターを感じる。センターが股の間、背骨の前を通って天へ抜けていくのをイメージする。

4. 全身をゆるませ、重みをもたせる。

全身脱力で美しいシルバーのセンターを通して行うこと！

CHAPTER 5

5
ゆるゆるにゆるみ、重みをもたせたまま、センターで乗っていくように右足足裏からアウトサイドでボールに少し触れながらまたぐ。センターごと倒れるようにボール越しに移動しながらアウトサイドでボールをコントロールする。スルーミドルよりもテンポよく、スピーディーに行う。

単純にアウトサイドでボールをコントロールする練習ではない。よくゆるんで、センターでゆったりと倒れるようにボール越しに移動していくことが大切。
まるでインサイドで深くキックするような形で脚を振り、そのまま足がボールに触れつつボールを越えて、着地する前にアウトサイドでボールをアウト方向へ運ぶ。

161

TRAINING 39　フロントリアアウトサイドオーバーボールセンター

FROBC定位法❶
（ていいほう）

片足をボールに乗せ、センターごと身体を前方に傾け、崩れながらゆったりとボール越しに移動し、逆の足の甲を下にして、センターごとボールを前方に運ぶ。

スロー

1. ボールの前に立つ。

2. 思い切りリラックスして美しいシルバー色のイメージの地芯上空6000キロに立っている意識で立つ。

3. 地芯から立ち上がるセンターを感じる。センターが股の間、背骨の前を通って天へ抜けていくのをイメージする。

4. 全身をゆるませ、重みをもたせる。

5. ゆるゆるにゆるみ、重みをもたせたまま、センターで乗っていくように右足（または左足）を前へ出してボールの上に乗せる。

全身脱力で美しいシルバーのセンターを通して行うこと！

CHAPTER 5

6 センターごとゆったりと前方へ倒れるようにボール越しに移動していく。

7 尻下にあるボールに左足(または右足)の甲を下にして乗せ、さらにセンターごとゆったりと前方へ倒れるようにしてボールも前へ運ぶ。

TRAINING 40 フロントリアアウトサイドオーバーボールセンター

FROBC定位法 ❷
てい　い　ほう

片足をボールに乗せ、センターごと身体を前方に傾け、崩れながらボール越しに移動し、逆の足の甲を下にして、センターごとボールを前方に運ぶ。

ミドル

1. ボールの前に立つ。

2. 思い切りリラックスして美しいシルバー色のイメージの地芯上空6000キロに立っている意識で立つ。

3. 地芯から立ち上がるセンターを感じる。センターが股の間、背骨の前を通って天へ抜けていくのをイメージする。

4. 全身をゆるませ、重みをもたせる。

5. ゆるゆるにゆるみ、重みをもたせたまま、センターで乗っていくように右足（または左足）を前へ出してボールの上に乗せる。

> 全身脱力で美しいシルバーのセンターを通して行うこと！

⑥ センターごと前方へ倒れるようにボール越しに移動していく。スローよりスピーディーに行う。

⑦ 尻下にあるボールに左足（または右足）の甲を下にして乗せ、さらにセンターごと前方へ倒れるようにしてボールも前へ運ぶ。

第6章
軸強化トレーニング

第6章では、軸の強化トレーニングを紹介します

　サッカーのトレーニングは、大きく分けて３つあります。
①「パフォーマンス力」を上げるためのトレーニング
②全身をゆるゆるにゆるませて、センターを通すための軸トレーニング
③センターを「球軸」として使えるようにするための球軸トレーニング
です。

パフォーマンス力を上げるトレーニングだけでは世界のトップ選手になれない

　一般に、チームで行われるトレーニングは、①の「パフォーマンス力」を上げるトレーニングだけでしょう。多くのチームで、パフォーマンス力を上げるために技術、戦術、フィジカルのトレーニングを行っていると思います。
　たいていの選手は、チームのトレーニングをこなし、個人練習を頑張ればよいと思っているのではないでしょうか。しかし、残念ながら、パフォーマンス力を上げるだけのトレーニングで、これまでに世界のトップ選手になれた日本選手がいますか。
　たとえば、本田圭佑選手は筋肉の柔らかさに恵まれていたことや上昇志向が強かったこともあって、オランダやロシアで実績を残し、ＡＣミランの「10」番をつけるまで出世しました。それなりにもも裏が使えていましたが、セリエＡで実績を残すことはできませんでした。その過程を見てきた高岡と松井は、本田選手も早い段階から②全身をゆるゆるにゆるませて、センターを通すための軸トレーニング、③センターを「球軸」として使えるようにするための球軸トレーニングをしていたらなあ、と思うのです。

澤穂希選手もゆるむことの大切さを知って世界のトップ選手になった

　松井は、かつて女子サッカーの澤穂希選手に、彼女が高校生の頃から、世界のトップ選手になるには、全身がゆるゆるにゆるんでいることと、センター（軸）が通ることが大切だと、高岡の理論を話し伝えていました。そして、世界のトッ

プ選手は、日々、全身がゆるむような意識で生活しているとも話していました。

その後、澤選手は21歳でアメリカに渡り、約4年間プレーしました。そこで女子サッカーのトップ選手と交流します。帰国時、彼女は「松井さんの言う通りでした。アメリカのトップ選手はいつも、松井さんの言うように身体の状態に気を配っていました」と話していました。それ以後、全身をゆるめるトレーニングも含めてコンディション調整に気を配るようになります。

澤選手がプレーヤーとして大きく成長し、FIFA最優秀選手賞を受賞したのはその後のことです。

自分で時間を作って②、③のトレーニングにも取り組んでください

世界のトップ選手をめざすなら、迷わず②、③のトレーニングにも取り組んでほしいです。

特にゆるトレーニングには、疲れをとり除き、故障や怪我を防ぐ抜群の効果も含まれています。日々のトレーニングや試合の疲れで筋肉が硬くなると、故障や怪我につながりかねません。また、この第6章でも、軸の強化になると同時に疲れもとれるトレーニングを紹介しています。自分の部屋や友だちとも気軽にできるものばかりです。

まずは自分の身体の状態をよく感じて、その日に必要なトレーニングを選んで行ってほしいと思います。

CHAPTER 6

TRAINING 41

壁角通球軸法
（へきかくどおしきゅうじくほう）

背骨と肋骨（ろっこつ）の間の関節をほぐすことで球軸を形成するためのメソッド。上半身を柔らかくしてボディバランスを良くし、パフォーマンス力を一気に向上させる。

① 壁（かべ）や柱の角に背を向けて立ち、両足でボールを優しくはさむ。

② 壁や柱の角にもたれかかり、背骨の脇（わき）に合わせる。

③ 壁や柱の角にあてた背骨を上下動することで背骨の脇をこすりつける。その際、背骨がトロトロに柔らかくなると同時に、背骨の前を美しいシルバーのセンターが通るようにイメージする。

④ その背骨で球芯（くしざ）を串刺しにするようなイメージで行う。

思い切りリラックスして美しいシルバー色のイメージの地芯上空6000キロに立っている意識で立つ。

背骨の脇を壁や柱の角にこすりつけることで背骨の意識を高め、その背骨で球芯、地芯を串刺しするようにイメージする。
写真のように手を使うことでセンターの意識をより高めていく

169

TRAINING 42

脊椎通球軸法
せきついどおしきゅうじくほう

仲間と背骨と肋骨の間の関節をほぐしあうことで球軸を形成する。上半身を柔らかくして、ボディバランスを良くし、パフォーマンス力を一気に向上させる。

1
思い切りリラックスして美しいシルバー色のイメージの地芯上空6000キロに立っている意識で立つ。

2
地芯から立ち上がるセンターを感じる。センターが股（また）の間、背骨の前を通（ぬ）って天へ抜けていくのをイメージする。

全身脱力で美しいシルバーのセンターを通して行うこと！

CHAPTER 6

③
足の間にボールをはさみ、センターが球芯と地芯を串刺しにするようなイメージをもつ。

④
パートナーに背後から両方の指で背骨の両脇をまんべんなくさすってもらう。さするパートナーもリラックスして、地下約6000キロに地芯を感じながら立つことが重要。

⑤
背骨の両脇への刺激(しげき)をもう少しクッキリさせたいと感じる場合には、本人が体重を少し後ろにかけて、刺激の強さを調整しながら行うとよい。

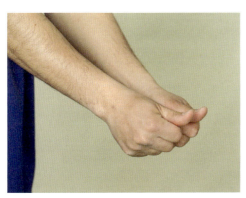

脊椎をほぐしてやる側の指の形

TRAINING 43

壁球軸頭首回法 ①

壁と頭の間にボールをはさみ、センターを回転軸にして頭を左右に回すことで頭部の軸を通すためのメソッド。脳疲労が解消、ヘディングに対する意識も高まる。

頭回法

1. 思い切りリラックスして美しいシルバー色のイメージの地芯上空6000キロに立っている意識で立つ。

2. 地芯から立ち上がるセンターを感じる。センターが股の間、背骨の前を通って天へ抜けていくのをイメージする。

3. 壁と頭の間にボールをはさみ、ボールをキープしながらセンターを回転軸にして頭を左右に回していく。頭の横から後まで行うことが大切。

4. ③を繰り返す。

不思議かもしれないけれど、センターの意識がはっきりしてくる。試してみると驚くほど。ヘディングに対する意識も高まる。

TRAINING 44

壁球軸頭首回法 ❷

壁と首の間にボールをはさみ、センターを回転軸にして首を左右に回すことで首周りの軸を通すためのメソッド。首周りのコリが解消され、視野が広くなる。

首回法

1. 思い切りリラックスして美しいシルバー色のイメージの地芯上空6000キロに立っている意識で立つ。

2. 地芯から立ち上がるセンターを感じる。センターが股の間、背骨の前を通って天へ抜けていくのをイメージする。

3. 壁と首の間にボールをはさみ、ボールをキープしながら頭のセンターを回転軸にして首を左右に回していく。その際、首周りがトロトロに柔らかくなるのをイメージする。

4. ③を繰り返す。

TRAINING 45

壁球軸体幹回法
(へききゅうじくかいかんかいほう)

壁と体幹の間にボールをはさみ、センターを回転軸にして体幹を左右に回すことで体幹部をときほぐすためのメソッド。下半身の太ももやすね、足の甲(こう)まで行う。

1. 思い切りリラックスして美しいシルバー色のイメージの地芯上空6000キロに立っている意識で立つ。

2. 地芯から立ち上がるセンターを感じる。センターが股の間、背骨の前を通って天へ抜けていくのをイメージする。

3. 壁と体幹の間にボールをはさみ、ボールをキープしながらセンターを回転軸にして体幹部を左右に回していく。その際、体幹部がトロトロに柔らかくなるのをイメージする。

4. ボールの位置を少しずつ下げながら行う。

⑤ ボールの位置を太ももの前、すねまで下げながら行う。脚は片脚ずつしてもよい。

全身脱力で美しいシルバーのセンターを通して行うこと！

これが身につくと、柔かなトラップができるようになる。

TRAINING 46

2人首絡み球軸法
（ふたりくびがらきゅうじくほう）

パートナーと背中合わせに立ち、お互いの首の間にボールをはさみ、首をときほぐすようにボールを動かす。後頭部や首周りのコリをときほぐし、脳疲労を解消。

> 思い切りリラックスして美しいシルバー色のイメージの地芯上空6000キロに立っている意識で立つ。

1 パートナーと背中合わせに立ち、首と首の間にボールをはさむ。

2 はさんだボールをキープしたまま、お互いの首をトロトロに柔らかくなるイメージで左右にずらすように動かす。

CHAPTER 6

TRAINING 47

2人背腰もたれ球軸法 ①

パートナーと背中合わせに立ち、両足でボールをはさみ、お互いの背中と腰をこすりつけるように上下、左右に動かし、背腰周りの筋肉をときほぐす。

足間法 思い切りリラックスして美しいシルバー色のイメージの地芯上空6000キロに立っている意識で立つ。

① パートナーと背中合わせに立ち、お互いに両足の間にボールをはさむ。

② はさんだボールをキープしたま、お互いの背中から腰までを合わせてトロトロに柔らかくなるイメージでこすり合う。

TRAINING 48

2人背腰もたれ球軸法 ❷

足間法の状態からお互いの背中と腰の間にもボールをはさむ。お互いの背中から腰までをときほぐすように意思疎通を図りながらボールを上下、左右に動かす。

背腰足間法

思い切りリラックスして美しいシルバー色のイメージの地芯上空6000キロに立っている意識で立つ。

① パートナーと背中合わせに立ち、お互いに両足の間にボールをはさむ。

② 足の間にはさんだボールをキープしながら、背中と背中の間にもボールをはさむ。

③ 背中にはさんだボールもキープしながら、背中から腰までがトロトロに柔らかくなるイメージでゆすっていく。

④ うまくなったら、背中をゆすったまま背中と背中にはさんだボールの位置を少しずつ下げていく。

CHAPTER 6

TRAINING 49

2人背腰挟み揺解球軸法
（ふたりせこしはさみようかいきゅうじくほう）

お互いの背中と腰の間にボールをはさむ。お互いの背中から腰までをときほぐすように意思疎通を図りながらボールを上下、左右に動かす。

思い切りリラックスして美しいシルバー色のイメージの地芯上空6000キロに立っている意識で立つ。

① パートナーと背中合わせに立ち、背中と背中の間にボールをはさむ。

② はさんだボールをキープしたまま、お互いの背中から腰までをトロトロに柔らかくなるイメージで左右にずらしながら動かす。

179

TRAINING 50

壁もたれ揺解球軸法
かべ　　　　ようかいきゅうじくほう

両足の間にボールをはさみ、壁と背中の間にもボールをはさみ、背中から腰までをときほぐすようにボールを上下、左右に動かす。

思い切りリラックスして美しいシルバー色のイメージの地芯上空6000キロに立っている意識で立つ。

① 壁に背中を向けて立ち、両足の間にボールをはさむ。

② 足にはさんだボールをキープしながら、壁と背中の間にもボールをはさむ。

③ 壁と背中の間にボールをはさんだまま、背中から腰までがトロトロに柔らかくなるイメージでゆすっていく。

TRAINING 51
横臥膝々擦法(おうがひざひざさっぽう)

片方の膝でもう片方の膝を回しながらさすることで、腰周りの筋肉をときほぐし、腸腰筋(ちょうようきん)や内転筋を活性化させる内転筋軸を通すための重要メソッド。

思い切りリラックスして美しいシルバー色のイメージの地芯上空6000キロに立っている意識で立つ。

① 身体の左側を下にして横向きに寝(ね)る。

② 左右の脚を優しく重ね合わせ、片方の膝でもう片方の膝のお皿周りをトロトロに柔らかくなるイメージでこすっていく。

③ 身体の右側を下にして横向きに寝て、同じように行う。

左右の脚と脚がからみつくような状態になるように行う。世界のトップ選手はプレーの中でも脚と脚が絡みつくように使えている。下軸をしっかり通すために、特にサッカー選手にとっては重要なメソッドになる。

TRAINING 52

横臥内転筋軸法
おうがないてんきんじくほう

上の膝の内側で床を押すようにしながら、下の脚を股から太もも、膝、下腿を順番に持ち上げることで、内転筋軸を強化するためのメソッド。

> 思い切りリラックスして美しいシルバー色のイメージの地芯上空6000キロに立っている意識で立つ。

1 身体の左側を下にして横向きに寝る。

2 上の脚を前に出して、膝から下を床につける。

3 上の膝の内側で床を押すようにしながら、下の脚を股から持ち上げ、床から浮かせていく。

4 下の脚は股から持ち上げて、太もも、膝、下腿と順番に持ち上げていく。

> 左右の脚を優しく重ね合わせ、片方の膝でもう一方の膝のお皿周りをトロトロに柔らかくなるイメージでこすっていく。

TRAINING 53

長座内転筋軸法
ちょうざないてんきんじくほう

長座の状態で、片方の脚をもう片方の脚の上に重ね、上の膝が下の膝に重なるようにする。上の足裏で下の足の甲をさすりながらときほぐし、内転筋軸を強化。

思い切りリラックスして美しいシルバー色のイメージの地芯上空6000キロに立っている意識で立つ。

① 床に両脚を伸ばして座る。

② 片方の脚をもう片方の脚の上に重ね、上の膝が下の膝に重なるようにする。

③ 上の足裏で下の足の甲をこすっていく。その際、上の膝と下の膝が重なった状態をキープする。また、上下の太ももや膝が回旋しないように注意して太もも同士が仲良く寄り添うようにイメージする。

④ 脚の上下を入れ替えて同じように行う。

足裏で片方の足をこすって上の膝が伸びていくと、上下の膝が離れてしまいやすい。膝と太ももが回旋しないように注意して、膝のお皿が横向きにならないようにする。できるだけ脚全体の力を抜いて、トロトロに柔らかくなるイメージで行う。

TRAINING 54

立位内転筋軸法
りつ い ない てん きん じく ほう

立位の状態で、片方の足をもう片方の足の前に出して重ね、前の膝が後ろの膝に重なるようにし、その状態をキープしながら前の足裏で後ろの足の甲をこする。

① 思い切りリラックスをして美しいシルバー色のイメージの地芯上空6000キロに立っている意識で両足を揃えて立つ。

② 片方の足を前に出して重ね、前の膝が後ろの膝に重なるようにする。

③ 前の足裏で後ろの足の甲をこすっていく。その際、前の膝と後ろの膝が重なった状態をキープする。また、前後の太ももや膝が回旋しないように注意して太もも同士が仲良く寄り添うようにイメージする。

④ 脚の前後を入れ替えて同じように行う。

CHAPTER 6

前脚の太ももや膝が外側に回旋するのはNG。

前脚の太ももや膝が内側に回旋してしまうのも良くない。

ダメな例

ダメな例になる人は、『サッカーゆるトレーニング55』で紹介している「ゆる体操」で、脚全体を柔らかくすることが先です。脚全体の筋肉や腱が硬い状態では、このレベルのトレーニングをしても効果は少ないです。脚が硬い人は、両方をセットで行うこともお勧めします。

185

おわりに

　レアル・マドリードのカデーテＡ（U-16）に所属する中井卓大君は、ボールが足にくっついているかのようなドリブルができますし、足とボールが糸でつながっているようなパスも蹴ることができます。

　日本でサッカーに関わる人たちは、
「中井君は、なぜ、世界のトップ選手のようなボール扱いができるの？」
　と問われれば、なんと答えるでしょうか？
　また、サッカー選手から、
「僕（私）も、中井君のようなプレーがしたい」
　と言われたら、どんなアドバイスをしますか？

　ここまで読んで頂いたように、その答えがこの本にあります。

　この本を読んで頂いた人は、世界のトップ選手とは全身がゆるゆるにゆるんでいてセンター（軸）がスパッと通り、そのセンターをサッカーのための「球軸」として使える人だと理解頂けたと思います。そして、世界のトップ選手になるためのトレーニング法も知って頂けたと思います。
　答えと対策がわかれば、あとは実践あるのみです。
　今は、世界のトップ選手をめざして闇雲に練習する時代ではありません。また、世界のトップ選手は「雲の上の存在」と考えて、ただ憧れる時代でもなくなっています。
　世界のトップ選手になりたい選手、世界のトップ選手を育てたい指導者やトレーナーの皆さんは、すぐに「球軸トレーニング」を始めて下さい。

　全身をゆるゆるにゆるめるトレーニングは、日々の疲労回復や故障の予防にもなります。また、このトレーニングを続けることで「ゆるみ度」が増せば、選手としてのパフォーマンス力も上がっていきます。

「裏転子」も、普通に立った状態で半腱様筋と半膜様筋を使うように意識しただけで、太ももの前側がどんどんゆるみ、やがて全身の筋肉がゆるんでいくのがわかります。全身の筋肉に意識が行き渡り、とても気持ち良い状態になります。このレベルまでであれば、太ももの前後が割にゆるんでいる人ならすぐにできます。あとは日頃の練習や試合の中でキープできる時間を伸ばしていくだけです。

　また、「ビュー軸」も、立ったままの状態や座ったままなら、すぐにでも「観」の感覚をつかめる人がいると思います。感覚的に「観」の境地がわかれば、練習や試合の中で「観」のレベルを上げていくことです。

　この「ビュー軸」のトレーニングは、雑踏を歩きながらもできるでしょうし、通学や通勤の電車やバスの中でもできます。また、授業中に「ビュー軸」のトレーニングとして、先生や教室全体を見てもいいでしょう。きっと授業にも集中できるはずです。

　最近、サッカーの練習は短時間で集中して行うのが主流です。もちろん「パフォーマンス力」を上げるトレーニングは、それでいいでしょう。しかし、それに加えて全身をゆるめたり、センターや球軸のトレーニングをしなければ、真の実力は劇的には向上しません。

　だからこそ、昔の武道や武術では、日常生活の中で「軸」や「正中線」などの稽古に励み、それを会得した人が「名人」、「達人」と呼ばれました。

　21世紀を生きる日本のサッカー選手の皆さんも、ぜひ球軸トレーニングに取り組み、世界の真のトップオブトップ選手、つまり、サッカー界の真の「名人」「達人」をめざしてほしいです。そして、一人でも多くのサッカー選手が球軸トレーニングに取り組むことが、日本代表の世界一にもつながっていきます。

　さあ、ここから「日本サッカー本気で世界一になれる計画」をスタートさせましょう。

2019年7月7日　　高岡英夫＋松井 浩

球軸トレーニングを本格的に学びたい方へ

球軸モニター指導（個人／チーム）、サッカーゆるトレーニング入門、サッカー球軸トレーニングジュニアクラスの紹介

球軸モニター指導を希望する個人選手＆チームを募集中！

球軸トレーニングモニター指導 無料

個人指導／チーム指導

球軸トレーニングで世界一のパフォーマンスを目指そう！

本書の「日本サッカー本気で世界一になれる計画」構想に強い興味と関心を持ち、自らサッカーの世界トップ・オブ・トップレベルの選手、チームを目指して、球軸トレーニングに継続的に取り組む意志のある個人もしくはチームに、サッカーゆるトレーナーが球軸トレーニングの指導を行います。無償で指導を行う代わりに、球軸トレーニングに取り組んだことによる効果や成果を定期的に報告、公表してもらいます。

参加条件 ※指導を受けるにあたり、運動科学総合研究所による選考があります。

- 対　　象：世界トップ・オブ・トップレベルの選手を目指すプロ選手や、将来ワールドクラスの選手を目指したいアマチュア選手（小・中学生からOK）。
- 指導料：無料（ただしスポーツ傷害保険に加入済みであることが条件）
- 期　　間：最低半年以上

| 講師 **大久保貴弘** | おおくぼ・たかひろ |

日本、ドイツでのサッカー選手経験を経て、運動科学理論を学び「日本をサッカー世界一にするために貢献したい」と、サッカーゆるトレーナー資格を取得。強豪の高校・大学サッカー部や、なでしこリーグ所属チーム、少年サッカークラブ、選手個人へのサッカーゆるトレーニング指導を行うかたわら、運動科学総合研究所でのサッカーゆるトレーニングと、それをさらに進めた内容で世界一を目指す選手のための球軸トレーニングの指導にも熱意をもって取り組んでいる。

あらかじめご承諾いただくこと

- 球軸トレーニングに取り組んだことによる効果や成果の報告。
- モニターとして定期的にサッカーゆるトレーナーの指導を受けること。
- 活動内容公表についての承諾（活動内容を公表する場合は事前にお知らせします）。

無料セミナー 開催中
サッカーゆるトレーニング入門　**無料**

対象：サッカー選手、コーチ、トレーナー、小学校5年生以上のサッカー選手。

ジュニア（小学生高学年）向け教室 新規開催
サッカー球軸トレーニング〈ジュニアクラス〉　**有料**

対象：将来、ワールドクラスの選手を目指したい小学生4～6年のサッカー少年少女。

※上記、指導やセミナーの詳細は運動総研サイトをご覧ください。

| 運動総合科学研究所サイト | http://www.undoukagakusouken.co.jp/soccer/ |

著者&モデル紹介

本書掲載トレーニングの指導について

大久保貴弘　高岡英夫　森岡丈雅

「サッカー球軸トレーニング」及び「サッカーゆるトレーニング」の指導について

＊本書掲載のメソッドを1点でも指導しようとする方は必ずお読みください

1. 本書掲載の全てのメソッドは、指導することによる一切の問題・事故・事件の責任を指導者自身が負うことを前提として、誰でも自由に指導することができます。

2. 高岡英夫の過去の著作物において、「これらのメソッドを指導するには、指導資格が必要である」または「これらのメソッドを指導するには、著作権者の許可が必要である」という趣旨の記載がありますが、これらの制限は2015年9月21日以後、本書掲載のメソッドについて無効とします。

3. 本書掲載のメソッドの実施あるいは指導により生ずる一切の問題・事故・事件について、著者および発行者は免責されます。

4. 高岡英夫が開発・指導しているメソッドで、指導権オープン化を明示的に宣言しているもの以外は、その全てが指導権オープン化の対象ではありません。指導権がオープン化されていないメソッドを高岡英夫の許可なく指導することは、知的財産権侵害になりますので、ご注意ください。

ゆる体操・サッカーゆるトレーニングに取り組まれる方に有益な情報を、下記のWebサイトで公開・提供していますので、ご活用ください。

ゆる体操公式サイト	http://www.yuruexercise.net/
運動総合科学研究所サイト	http://www.undoukagakusouken.co.jp/soccer/

※近日中に「サッカー球軸トレーニング」動画公開予定

高岡英夫 | たかおか・ひでお

運動科学者、高度能力学者、武術家、「ゆる」開発者。運動科学総合研究所所長、NPO法人日本ゆる協会理事長。東京大学卒業後、同大学大学院教育学研究科を修了。東大大学院時代に西洋科学と東洋哲学を統合した「運動科学」を創始し、人間の高度能力と身体意識の研究にたずさわる。オリンピック選手、企業経営者、芸術家などを指導しながら、年齢・性別を問わず幅広い人々の身体・脳機能を高める「ゆる体操」をはじめ各種の先端的なトレーニング法を開発。運動総研主催の各種講座・教室で広く公開、一流スポーツ選手、コーチ、トレーナーから主婦、高齢者や運動嫌いの人まで、多くの人々に支持されている。東日本大震災後は復興支援のため、ゆる体操プロジェクトを指揮し、自らも被災地で指導に取り組む。著書は『日本人が世界一になるためのサッカーゆるトレーニング55』（KADOKAWA）、『脳と体の疲れを取って健康になる 決定版 ゆる体操』『絵で分かる1週間ステップアップ「ゆる体操」』（PHP研究所）、『究極の身体』『宮本武蔵は、なぜ強かったのか？』『「ゆる体操」で一生介護いらずになろう！』（講談社）、『肩甲骨が立てば、パフォーマンスは上がる！』『キレッキレ股関節でパフォーマンスは上がる！』（カンゼン）など100冊を超える。

運動科学総合研究所サイト
http://www.undoukagakusouken.co.jp/

松井 浩 | まつい・ひろし

早稲田大学第一文学部在学中から、フリーランスとして仕事を始め、1986年から3年間『週刊文春』記者。'89年から3年間タイで一休み。帰国後、雑誌『Number』で連載を始めたのをきっかけに取材対象をスポーツ中心にする。テーマは「天才スポーツ選手とは、いったいどんな人たちか」。著書に『高岡英夫は語る すべてはゆるむこと』（小学館文庫）、『打撃の神髄 榎本喜八伝』（講談社）、『豪打伝道の達人 荒川博 一本足打法を完成に導いた名伯楽』（ベースボールマガジン社）等。高岡氏との共著に『サッカー日本代表が世界を制する日』『ワールドクラスになるためのサッカートレーニング』『サッカー世界一になりたい人だけが読む本』『日本人が世界一になるためのサッカーゆるトレーニング55』（すべてKADOKAWA）がある。

ピッチ全体も背後も見通す技術

サッカー 球軸トレーニング

日本サッカー本気で世界一になれる計画

発行日　2019年8月5日　初版第1刷発行

著　著　　高岡 英夫

　　　　　松井 浩

発行者　　竹間 勉

発行所　　株式会社世界文化社

　　　　　〒102-8187

　　　　　東京都千代田区九段北4-2-29

電　話　　03-3262-5118（編集部）

　　　　　03-3262-5115（販売部）

印刷・製本　　株式会社リーブルテック

©Hideo Takaoka, Hiroshi Matsui, 2019.
Printed in Japan
ISBN978-4-418-19414-8

無断転載・複写を禁じます。
定価はカバーに表示してあります。
乱丁、落丁のある場合はお取り替えいたします。

表紙イラスト
大武ユキ

トレーニング撮影
今井秀幸（株式会社スタジオ・アウパ）

選手写真
株式会社ユニ・フォトプレス

装幀＋本文デザイン
ピースデザインスタジオ

協力
株式会社小学館・ビッグコミックスペリオール
株式会社運動科学総合研究所

校正
株式会社円水社

DTP製作
株式会社アドクレール

編集担当
大森春樹

参考文献
『W杯ロシア大会が日本サッカーに残したもの』
（日本経済新聞／2018年7月26日）

『NHKスペシャル「ロストフの14秒
日本vs.ベルギー　知られざる物語」』
（日本放送協会／2018年12月8日）